*Anonymus*

# Kriegslieder für die Deutsch-Amerikanischen Kämpfer

Anonymus

**Kriegslieder für die Deutsch-Amerikanischen Kämpfer**

ISBN/EAN: 9783955641863

Auflage: 1

Erscheinungsjahr: 2013

Erscheinungsort: Bremen, Deutschland

@ EHV-History in Access Verlag GmbH, Fahrenheitstr. 1, 28359 Bremen. Alle Rechte beim Verlag und bei den jeweiligen Lizenzgebern.

# Kriegslieder

für die

## deutsch-amerikanischen Kämpfer.

New-York, 1861.
Verlag von S. Zickel, 113 Rivington Street.

## 1.
Weise: Marseillaise.

Der erste Schuß erdröhnte!
„Gott sei des Rechtes Schutz!"
Auf, Norden, den man höhnte,
:,: Empor zu Rach' und Trutz! :,:
Soll, was erbaut die Väter
Zerstört sein ungerächt?
Soll jener Hochverräther
Raub werden unser Recht?
   Empor, empor, empor!
Auf rüstet euch zum Trutz!
Und ruft im vollen Chor:
:,: Das Recht sei unser Schutz! :,:

Der erste Schuß erdröhnte!
Das Echo schallt durch's Land,
Das Feldgeschrei ertönte:
:,: Die Waffen nehmt zur Hand! :,:
Laßt endlich Büchsen knattern,
Auf, Patrioten, naht!
Das Sternenbanner flattern
Zum Trotze dem Verrath!
   Empor, empor, empor!
Auf, rüstet Euch zum Trutz!
Und ruft im vollen Chor:
:,: Das Recht sei unser Schutz! :,:

4

Der erste Schuß erdröhnte!
O, horcht auf das Signal!
Die Todtenglocke tönte
:,: Der Knechtschaft überall! :,:
Der Freiheit Arm ist immer
Noch stark und ungeschwächt,
Er läßt uns sinken nimmer
Im Kampf für unser Recht.

Empor, empor, empor!
Auf rüstet Euch zum Trutz!
Und ruft im vollen Chor:
:,: Das Recht sei unser Schutz! :,:

———

## 2.

Wo Muth und Kraft in deutschen Seelen
flammen,
Fehlt nie das blanke Schwert beim Becher-
klang.
Wir stehen fest und halten treu zusammen
Und rufen's laut in feurigem Gesang:
Ob Fels und Eiche splittern,
Wir werden nicht erzittern,
Den Krieger reißt es fort mit Sturmeswehn,
Fürs Vaterland in Kampf und Tod zu gehn.

Roth, wie die Liebe, sei der Brüder Zeichen,
Weiß, fleckenlos der Sinn der uns durchglüht,
Blau wie der Himmel über deutschen Eichen,
So sei das Band, das unsre Brust umzieht!
Ob Fels 2c.

So schwört es laut bei unserm blanken
Schwerte:
Dem Lande treu im Leben und im Tod!
Auf, Brüder vor! und schirmt die freie Erde,
Und ruft in's blut'ge Morgenroth:
Ob Fels 2c.

Und du, mein Liebchen, das in süßen Stunden
Den Freund beseelt mit manchem Blick und
Wort,
Dir schlägt mein Herz noch über Grab und
Wunden,
Denn ewig dauert treue Liebe fort!
Ob Fels 2c.

Trennt das Geschick des Freiheitsheeres
Glieder,
So reichet euch die theure Brüderhand!
Noch einmal schwört, ihr, meine deutschen
Brüder,
Der Freiheit treu, und treu dem Vaterland!
Ob Fels 2c.

**3.**

*Weise: Wir hatten gebauet ꝛc.*

Glück auf! laßt uns bauen
Der Freiheit ein Haus.
Wenn wir auf uns vertrauen,
Wer treibt uns wohl hinaus?

Erfüllt war das Hoffen,
Das lang' wir genährt,
Das Wort ist eingetroffen,
Die Schlacht ward uns gewährt.

Das Band, das uns einet,
Ist blau, weiß und roth.
So hatten wir's gemeinet
Zu halten bis zum Tod.

Das Band, das zerschnitten,
War schwarz, roth und gold.
Wir haben es gelitten,
Ob wir's auch nicht gewollt!

Doch was will jetzt uns stören
Beim heiligen Bau!
Wir bauen fort und schwören
Jetzt bei weiß, roth und blau.

Und wenn wir auch fallen,
Was hat's denn für Noth?
Ein Geist lebt in uns Allen:
Hoch Freiheit oder Tod!

## 4.

:,: Schlacht, du brichst an! :,:
Grüßt sie im freudigen Kreise
Laut nach germanischer Weise,
:,: Brüder heran! :,:

:,: Noch perlt der Wein! :,:
Eh' die Posaunen ertönen,
Laßt uns das Leben versöhnen.
:,: Brüder, schenkt ein. :,:

:,: Gott Vater hört, :,:
Was an des Grabes Thoren
Vaterlands Söhne geschworen,
:,: Brüder, ihr schwört! :,:

:,: Vaterlands Hort :,:
Woll'n wir's aus glühenden Ketten
Tod oder lebend erretten.
:,: Handschlag und Wort. :,:

:,: Hört ihr sie nah'n! :,:
Liebe und Freuden und Leiden?
Tod, du kannst uns nicht scheiden.
:,: Brüder, stoßt an! :,:

:,: Schlacht ruft: hinaus! :,:
Horch, die Trompeten, sie werben
Vorwärts, auf Leben und Sterben!
:,: Brüder, trinkt aus! :,:

5.

Weise: Stimmt an mit hellem hohen Klang ꝛc.

Frisch auf, frisch auf mit Sang und Klang,
Daß Herz und Sinn erwache!
Ein freudig Hoch! ein dreifach Hoch!
Es gilt der guten Sache.

Wir sind dieselben immer noch
Und wollen es auch bleiben,
Mag auch Verrath, mag Trug und Lug
Stets seine Künste treiben.

Gott steht uns bei, nie können wir
In diesem Kampf erschlaffen:
Das Recht ist unser Feldgeschrei,
Das Recht weiht uns're Waffen!

Wir stehen fest in Freud' und Leid,
Sind brüderlich vereinet,
So lang ein Gott im Himmel lebt
Und seine Sonne scheinet.

Frisch auf, frisch auf mit Sang und Klang,
Daß Herz und Sinn erwache!
Ein freudig Hoch, ein dreifach Hoch!
Es gilt der guten Sache.

## 6.

Erhebt euch von der Erde,
Ihr Schläfer, aus der Ruh'!
Schon wiehern uns die Pferde
Den guten Morgen zu.
Die lieben Waffen glänzen
So hell im Morgenroth;
Man träumt von Siegeskränzen
Und denkt auch an den Tod.

Die einst für Freiheit litten —
Sie schau'n vom Himmelszelt.
Wir, für die einst sie stritten,
Zieh'n fröhlich drum in's Feld.
Wir werden wohl bestehen,
Der Freiheit gilt der Krieg;
Hoch laßt die Banner wehen,
Denn unser ist der Sieg.

Ein Morgen wird erscheinen,
Ein Morgen mild und klar.
Das Volk wird er vereinen
Das einst gespalten war.
Bald scheint er sonder Hülle
Auf jeden deutschen Mann.
O brich, du Tag der Fülle,
Des Sieges Tag, brich an!

Dann Klang von allen Thürmen,
Und Klang aus jeder Brust,
Und Ruhe nach den Stürmen
Und Lieb' und Lebenslust.
Es schallt auf allen Wegen
Ein fröhliches Geschrei,
Und wir, Ihr wackern Degen,
Wir waren auch dabei.

## 7.
Weise: Hinaus in die Ferne 2c.

Es glühet der Morgen
In rosenrother Pracht;
Wir lassen die Sorgen
Und grüßen froh die Schlacht.
Bei Trommelschlag
Und hellem Sang und Klang
Geh'n wir als tapf're Männer
Den letzten Gang.

Ein freiheitlich Streben
Schont Müh' nicht und Gefahr;
Wir opfern das Leben
Dem Vaterlandsaltar.
Hinaus! hinaus!
Des Ruhmes Ernte winkt
Dort, wo als Halm entgegen
Das Schwert uns blinkt.

Wer wollte verzagen
An unf'rer Waffen Glück?
Es lebe das Wagen!
Es leb' die Republik!
Ihr Name braust,
Ein Sturm durch unf're Brust;
Für sie in Tod zu gehen,
O welche Lust!

Den Flor von den Fahnen,
Roth, weiß und blau, o flieg',
Und führ' uns die Bahnen
Durch Kampf zu Ruhm und Sieg.
Die Jugend stirbt
Doch sie ergiebt sich nicht!
Mit diesem Schwur erfüllen
Wir unf're Pflicht.

## 8.

Weise: Wo zur frohen Feierstunde
Lächelnd uns die Freude winkt ꝛc.

Ueber unserm Vaterlande
Ruhet eine schwarze Nacht,
Und die eigne Schmach und Schande
Hat uns diese Nacht gebracht.
Ach, wann erglänzt aus dem Dunkel der Nacht
Unsere Hoffnung in funkelnder Pracht!

Und es kommt einmal ein Morgen
Freudig blicken wir empor!
Hinter Wolken lang verborgen
Bricht ein rother Strahl hervor.
Ach, wann erglänzt u. s. w.

Und es ziehet durch die Lande
Ueberall ein gold'nes Licht,
Das die Nacht der Schmach und Schande
Und der Knechtschaft endlich bricht.
Ach, wann erglänzt u. s. w.

Lange hegten wir Vertrauen
Auf ein baldig Morgenroth;
Kaum erst fing es an zu grauen,
Und der Tag ist wieder todt.
Ach, wann erglänzt u. s. w.

Immer unerfüllt noch stehen
Blau, weiß, roth im Feldpanier:
Alles läßt sich roth nur sehen,
Blau und weiß wo bleibet ihr?
Ach, wann erglänzt u. s. w.

———

## 9.

:,: Frisch ganze Compagnie mit lautem Sing und Sang!
Bei froher Lieder Klang wird nie der Weg zu lang!
:,: Links, rechts, streng im Takt,
Rein, fest angepackt,
Rasch voran, Mann an Mann, uns're frohe Bahn. :,:
La la la la la la.

:,: Sang, Lieb' und Freude führen uns heute.
Uns're lust'ge Compagnie wandert so, spät und früh,
Durch die weite Welt, wohin es ihr gefällt,
In die Welt, in die weite Welt. :,:
Schrum!

:,: Winkt an einem netten Haus uns ein grüner Fichtenstrauß,
Schnell hinein, Bier und Wein schenket fröhlich ein!
Kommt ein feines Mägdelein, schau'n wir auch nicht grämlich drein,
Wird charmirt, attakirt, manches Herz gerührt.
La la la la la la! :,:

**10.**

Mel. Heil dir im Siegerkranz ꝛc.

Brause du Freiheitssang,
Brause wie Wogendrang
Aus Felsenbrust!
Feig bebt der Feinde Schwarm!
Uns schlägt das Herz so warm,
Uns zuckt der Jünglingsarm
Voll Thatenlust.

Gott Vater, dir zur Ehr',
Rüstet ein Heldenheer
Jetzt sich auf's Neu!
Neu wird das freie Land
Wachsen wie Feuersbrand,
Gott, Freiheit, Vaterland,
Altdeutsche Treu'!

Stolz, keusch und heilig sei,
Gläubig und deutsch und frei
Hermann's Geschlecht!
Sklaverei, Zwingherrnwitz
Tilgt Gottes Racheblitz —
Euch sei der Herrschersitz,
Freiheit und Recht.

Freiheit, in uns erwacht
Ist deine Geistermacht;
Heil dieser Stund'!
Glühend für Wissenschaft,

Blühend in Jugendkraft,
Sei Deutschlands Jüngerschaft
Im Bruderbund.

Schalle, du Liederklang,
Schalle, du Hochgesang,
Aus deutscher Brust;
Ein Herz, ein Leben ganz
Steh'n wir wie Wall und Schanz,
Bürgen des Vaterlands,
Voll Thatenlust.

## 11.

Ich hatt' einen Kameraden,
Einen bessern find'st du nit.
Die Trommel schlug zum Streite,
Er ging an meiner Seite
:,: In gleichem Schritt und Tritt. :,:

Eine Kugel kam geflogen,
Gilt's mir, oder gilt es dir?
Ihn hat es weggerissen,
Er liegt zu meinen Füßen
:,: Als wär's ein Stück von mir .:,:

Will mir die Hand noch reichen,
Derweil' ich eben lad'!
Kann dir die Hand nicht geben,
Bleib' du im ew'gen Leben
:,: Mein guter Kamerad. :,:

## 12.

Ach, welche Lust, Soldat zu sein, :,:
Man dient mit tapferm Muthe
Der Freiheit, dem Staate allein,
Und verläßt mit leichtem Blute
Die Geliebte, eilt zu der Helden Reih'n;
Ach, ach! welche Lust, Soldat zu sein.

## 13.

Der Sänger hält im Feld die Fahnenwacht,
In seinem Arme ruht das Schwert das scharfe,
Er grüßt mit hellem Lied die dunkle Nacht,
Und spielt dazu mit blut'ger Hand die Harfe:
Die Dame, die ich liebe, nenn' ich nicht,
Doch hab' ich ihre Farben mir erkoren;
Ich streite gern für Freiheit und für Licht,
Getreu der Fahne, der ich zugeschworen.

Die Nacht verrinnt, Kampf bringt der junge Tag.
Der Sänger will nicht von der Fahne weichen,
Es blitzt sein Schwert, doch ist's ein Blitz und Schlag,
Und singend schlägt er Lebende zu Leichen:
Die Dame, die ich liebe, nenn' ich nicht,
Kommt nur heran, die Brust mir zu durchbohren,
Ich sterbe gern für Freiheit und für Licht,
Getreu der Fahne, der ich zugeschworen.

Der Tod ist satt, gewonnen ist die Schlacht,
Aus tiefen Wunden strömt des Sängers Leben;
Auf seiner Fahne, die er treu bewacht,
Hört man ihn sterbend noch sein Lied erheben:
Die Dame, die ich liebte, nannt' ich nicht,
Mein Leben ist — die Ehre nicht verloren!
Ich stritt und fiel für Freiheit und für Licht,
Getreu der Fahne, der ich zugeschworen.

---

**14.**

Mit Hörnerschall und Lustgesang,
Als ging es froh zur Jagd,
So zieh'n wir Jäger wohlgemuth,
Wenn's Noth dem Vaterlande thut,
Hinaus in's Feld der Schlacht.

Gewöhnt sind wir von Jugend auf
An Feld- und Waldbeschwer;
Wir klimmen Berg und Fels empor
Und waten frisch durch Sumpf und Moor,
Durch Schilf und Dorn einher.

Nicht Sturm noch Regen achten wir,
Nicht Hagel, Reif und Schnee,
In Hitz und Frost, bei Tag und Nacht
Sind wir bereit zur Fahrt und Wacht,
Als gält es Hirsch und Reh'.

Wir brauchen nicht zu unserm Mahl
Erst Pfanne, Topf und Rost,
Im Hungersfall ein Bissen Brod,
Ein Labeschluck in Durstesnoth
Genügen uns zur Kost.

Wo wackre Jäger Helfer sind,
Da ist es wohlbestellt;
Die sichre Kugel stärkt den Muth,
Wir zielen scharf und treffen gut;
Und was wir treffen, fällt.

Und färbet gleich auch unser Blut
Das Feld des Krieges roth:
So wandelt Furcht uns doch nicht an;
Denn nimmer scheut ein braver Mann
Für's Vaterland den Tod.

Erliegt doch rechts, erliegt doch links
So mancher tapfre Held.
Die Guten wandeln Hand in Hand,
Frohlockend in ein bess'res Land,
Wo niemand weiter fällt.

Doch trifft denn stets des Feindes Blei?
Verletzt denn stets sein Schwert?
Ha! öfter führt das Waffenglück
Uns aus dem Mordgefecht zurück,
Gesund und unversehrt.

Und jeder Jäger preist den Tag,
Da er in's Schlachtfeld zog.
Bei Hörnerschall und Becherklang
Ertöne laut der Rundgesang:
„Wer brav ist, lebe hoch!"

---

## 15.

Du Schwert an meiner Linken,
Was soll dein heitres Blinken?
Schau'st mich so freundlich an;
Hab' meine Freude d'ran. — Hurrah!

Mich trägt ein wackrer Reiter,
Drum blink' ich auch so heiter;
Bin freien Mannes Wehr,
Das freut dem Schwerte sehr. — Hurrah!

Ja, gutes Schwert, frei bin ich,
Und liebe dich herzinnig,
Als wärst du mir getraut,
Als eine liebe Braut! — Hurrah!

Dir hab' ich's ja gegeben
Mein lichtes Eisenleben.
Ach, wären wir getraut!
Wann holst du deine Braut? — Hurrah!

Zur Brautnachtsmorgenröthe
Ruft festlich die Trompete:
Wenn die Kanonen schrei'n,
Hol' ich das Liebchen ein. — Hurrah!

O seliges Umfangen!
Ich harre mit Verlangen,
Du Bräutigam, hole mich,
Mein Kränzchen bleibt für dich! — Hurrah!

Was klirrst du in der Scheide,
Du helle Eisenfreude,
So wild so schlachtenfroh!
Mein Schwert, was klirrst du so? — Hurrah!

Wohl klirr' ich in der Scheide;
Ich sehne mich zum Streite
Recht wild und schlachtenfroh:
Drum, Reiter, klirr' ich so. — Hurrah!

So komm' denn aus der Scheide,
Du Reiter's Augenweide,
Heraus, mein Schwert, heraus,
Führ' dich in's Vaterhaus. — Hurrah!

Ach, herrlich ist's im Freien,
In rüst'gen Hochzeitsreihen!
Wie glänzt im Sonnenstrahl
So bräutlich hell der Stahl! — Hurrah!

Wohlauf, ihr kecken Streiter!
Wohlauf, ihr kräft'gen Reiter!
Wird euch das Herz nicht warm?
Nehmt's Liebchen in den Arm! — Hurrah!

Erst that es an der Linken
Nur ganz verstohlen blinken,
Doch an die Rechte traut
Gott sichtbarlich die Braut. — Hurrah!

Drum drückt den liebeheißen
Bräutlichen Mund von Eisen
An eure Lippen fest,
Fluch! wer die Braut verläßt! — Hurrah!

Nun laßt das Liebchen singen,
Daß helle Funken springen,
Der Hochzeitsmorgen graut.
Hurrah! du Eisenbraut! — Hurrah!

## 16.

Der Gott, der Eisen wachsen ließ,
Der wollte keine Knechte;
Drum gab er Säbel, Schwert und Spieß
Dem Mann in seine Rechte;
Drum gab er ihm den kühnen Muth,
Den Zorn der freien Rede,
Daß er bestände bis auf's Blut,
Bis in den Tod die Fehde.

So wollen wir, was Gott gewollt,
Mit rechten Treuen halten,
Und nimmer um Tyrannensold,
Die Menschenschädel spalten;
Doch wer für Tand und Schande ficht,
Den hauen wir in Scherben,
Der soll im deutschen Lande nicht
Mit deutschen Männern erben.

O Deutschland, heil'ges Vaterland!
O deutsche Lieb' und Treue;
Du hohes Land! du schönes Land!
Wir schwören dir auf's Neue:
Dem Buben und dem Knecht die Acht!
Der nähre Kräh'n und Raben!
So zieh'n wir aus zur Hermannsschlacht
Und wollen Rache haben.

Laßt brausen, was nur brausen kann,
In hellen, lichten Flammen!
Ihr Deutschen alle, Mann für Mann,
Zum heil'gen Krieg zusammen!
Und hebt die Herzen himmelan
Und himmelan die Hände,
Und rufet alle Mann für Mann:
Die Knechtschaft hat ein Ende.

Laßt klingen, was nur klingen kann,
Trompeten, Trommeln, Flöten!
Wir wollen heute Mann für Mann
Mit Blut das Eisen röthen,
Mit Henker- und mit Knechteblut—
O süßer Tag der Rache!
Das klinget allen Deutschen gut,
Das ist die große Sache.

Laßt wehen, was nur wehen kann,
Standarten weh'n und Fahnen,
Wir wollen heut' uns Mann für Mann
Zum Heldentode mahnen.
Auf! fliege, hohes Siegspanier,
Voran den kühnen Reihen!
Wir siegen oder sterben hier
Den süßen Tod der Freien!

## 17.

Mel. Nur fröhliche Leute ꝛc.

Nicht betteln, nicht bitten!
Nur muthig gestritten!
Nie kämpft es sich schlecht
:,: Für Freiheit und Recht.:,:

Und nimmer verzaget!
Von Neuem gewaget,
Und muthig voran!
:,: So zeigt sich der Mann. :,:

Wir wollen belachen
Die Feigen und Schwachen:
Wer steht wie ein Held,
:,:Dem bleibet das Feld. :,:

Einst wird es sich wenden,
Einst muß es sich enden
Zu unserem Glück:
:,: Drum nimmer zurück. :,:

**18.**

:,: Es lebe hoch der Kriegerstand,:,:
Wenn er auch so Manches entbehre,
Kämpft er doch für's Vaterland!
:,:Dem Sohne des Ruhmes und der Ehre
Reicht ein Jeder freundlich die Hand.:,:
(Solo): :,:Es lebe hoch!:,: (Chor): :,:Es lebe hoch!:,:
Es lebe hoch der Kriegerstand!

Ertönt die Trompete in die Weite,
Erschallt die Trommel, die uns ruft.
Eilen wir zum verwegenen Streite,
Ein Hurrah erschallt durch die Luft.
:,:Dem Sohne des Ruhmes und der Ehre
Reicht ein Jeder freundlich die Hand.
(Solo): Es lebe hoch! ꝛc.

Bringen wir dann die Feinde zum Sinken,
Ist vernichtet die blutige Schaar,
Frische Lorbeer des Ruhmes uns winken
Auf der Ehre hohem Altar.
:,:Dem Sohne des Ruhmes und der Ehre
Reicht ein Jeder freundlich die Hand.
(Solo): Es lebe hoch! ꝛc.

Wenn am Herd uns die Freunde umschlingen,
Und das Vaterland dankbar uns grüßt,
Hoch die Herzen der Mädchen aufspringen,
Die der Held in die Arme sich schließt.
:,: Dem Sohne des Ruhmes und der Ehre,
Reicht ein Jeder freundlich die Hand.
(Solo): Es lebe hoch! ꝛc.

## 19.

Auf und an,
Spannt den Hahn,
Unser ist die freie Bahn!
Büchsenknall, überall
Bei der Hörner Schall.
Ja, wir ziehen in das Feld,
Kampf allein beseelt die Welt.
Deutscher Muth und deutsche Hand
Retten unser Land.

Büchs' im Arm!
Ohne Harm
Ziehen wir im Jubelschwarm;
Keck und kühn, Alle glüh'n,
Scheu'n nicht Kriegesmüh'n.
Und es wächst der edlen Schaar
Gut und Muth mit der Gefahr.
Deutscher Muth u. s. w.

Tra, ra, ra,
Wir sind da,
Wir, die freien Jäger, ja! —
Reif und Ruf, Pfeif und Puff,
Mancher Kolbenknuff.
So zu Roß und so zu Fuß,
Bieten wir dem Feinde Gruß.
Deutscher Muth u. s. w.

Treu dem Schwur,
Vorwärts nur,
Vorwärts auf des Feindes Spur!
Wildes Heer,
Brauf' einher,
Mach das Schlachtfeld leer,
Daß wir in dem Freiheitskrieg
Bald erkämpfen Sieg auf Sieg.
Deutscher Muth u. s. w.

## 20.

Deutsches Herz, verzage nicht,
Thu', was dein Gewissen spricht,
Dieser Strahl des Himmelslichts:
Thue recht und fürchte nichts!

Baue nicht auf bunten Schein,
Lug und Trug ist dir zu fein,
Schlecht geräth dir List und Kunst.
Freiheit wird dann eitel Dunst.

Doch die Treue, ehrenfest,
Und die Liebe, die nicht läßt,
Einfalt, Treue, Redlichkeit,
Steh'n dir wohl, du Sohn von Teut.

Wohl steht dir das grade Wort,
Wohl der Speer, der grade bohrt,
Wohl das Schwert, das offen ficht
Und von vorn die Brust durchbricht.

Deutsche Freiheit, deutsches Wort,
Deutsche Treue als dein Hort,
Deutsches Herz und deutscher Stahl
Sind vier Helden allzumal.

Diese steh'n wie Felsenburg,
Diese fechten Alles durch,
Diese halten tapfer aus
In Gefahr und Todesbraus.

Drum, o Herz, verzage nicht,
Thu', was dein Gewissen spricht;
Dieser Strahl des Himmelslichts:
Thue recht und fürchte nichts!

———

## 21.

Treue Liebe bis zum Grabe
Schwör ich dir mit Herz und Hand,
Was ich bin und was ich habe,
Dank' ich dir, mein Vaterland.

Nicht in Worten nur, in Liedern
Ist mein Herz zum Dank bereit,
Mit der That will ich's erwiedern
Dir in Noth, in Kampf und Streit.

In der Freude, wie im Leide
Ruf' ich's Freund' und Feinden zu:
Ewig sind vereint wir beide,
Und mein Trost, mein Glück bist du.

Treue Liebe bis zum Grabe
Schwör ich dir mit Herz und Hand:
Was ich bin und was ich habe,
Dank' ich dir, mein Vaterland.

---

## 22.

Weise: Das Volk steht auf ꝛc.

Das Volk steht auf, der Sturm bricht los!
Wer legt noch die Hände feig in den Schoos;
Pfui über die Buben hinter dem Ofen,
Unter den Schranzen, unter den Zofen!

Bist du ein ehrlos erbärmlicher Wicht!
Ein deutsches Mädchen küßt dich nicht,
Ein deutsches Lied erfreut dich nicht!
Und deutscher Wein erquickt dich nicht!
Stoßt mit an, Mann für Mann,
Wer den Flamberg schwingen kann!

Wenn wir die Schau'r der Regennacht
Unter Sturmespfeifen wachend verbracht,
Magst du immer auf üppigen Pfühlen
Wollüstig träumend in Kissen wühlen,
Bist doch ein u. s. w.

Wenn uns der Trompete rauher Klang
Wie Donner Gottes zum Herzen drang,
Kannst du im Theater die Nase wetzen
Und dich an Trillern und Läufen ergötzen.
Bist doch ein u. s. w.

Wenn die Gluth des Tages versengend drückt,
Und uns kaum ein Tropfen Wasser erquickt,
Kannst du Champagner springen lassen,
Kannst du an brechenden Tafeln prassen.
Bist doch ein u. s. w.

Wenn wir vor'm Donner der würgenden
                    Schlacht
Zum Abschied an's ferne Treuliebchen gedacht

Magst du zu deinen Maitressen laufen
Und dir mit Gold die Lust erkaufen.
Bist doch ein u. s. w.

Wenn die Kugel pfeift, wenn die Lanze saust,
Wenn der Tod uns in tausend Gestalten
umbraust,
Kannst du am Spieltisch dein Septleva
brechen,
Mit der Spadille die Buben stechen.
Bist doch ein u. s. w.

Und schlägt unser Stündlein im Schlachten-
roth —
Willkommen du seliger Freiheitstod!
Du mußt dann unter seidenen Decken,
Unter Merkur und Latwergen verrecken.
Bist doch ein ehrlos erbärmlicher Wicht,
Ein deutsches Mädchen beweint dich nicht,
Und deutsche Becher klingen dir nicht.
Stoßt mit an,
Mann für Mann,
Wer den Flamberg schwingen kann!

## 23.
## YANKEE DOODLE.

Father and I went down to camp,
   Along with Captain Gooding:
There we see the men and boys,
   As thick as hasty-pudding.
     CHORUS.
Yankee doodle keep it up,
   Yankee doodle dandy;
Mind the music and the step,
   And with the girls be handy.

And there we see a thousand men,
   As rich as Squire David;
And what they wasted every day,
   I wish it could be saved.
     Yankee doodle, &c.

The 'lasses they eat every day,
   Would keep a house a winter;
They have as much that I'll be bound,
   They eat it when they're a mind to.
     Yankee doodle, &c.

And there we see a swamping gun,
   Large as a log of maple,
Upon a duced little cart,
   A load for father's cattle.
     Yankee doodle, &c.

And every time they shoot it off,
   It takes a horn of powder:
It makes a noise like father's gun,
   Only a nation louder,
        Yankee doodle, &c.

I went as nigh to one myself,
   As' Siah's under-pinning;
And father went as nigh again,
   I thought the deuce was in him.
        Yankee doodle, &c.

Cousin Simon grew so bold,
   I thought he would have cock'd it;
It scared me so I streak'd it off,
   And hung by father's pocket.
        Yankee doodle, &c.

But Captain Davis has a gun,
   He kind of clap'd his hand on't,
And stuck a crooked stabing iron,
   Upon the little end on't.
        Yankee doodle, &c.

And there I see a pumkin shell,
   As big as mother's bason,
And every time they thouch'd it off,
   They scamper'd like the nation.
        Yankee doodle, &c.

I see a little barrel too,
  The heads were made of leather,
They knock'd upon it with little clubs,
  And call'd the folks together.
    Yankee doodle, &c.

And there was captain Washington,
  And gentlefolks about him;
They say he's grown so tarnal proud,
  He will not ride without 'em.
    Yankee doodle, &c.

He got him on his meeting clothes,
  Upon a slapping stallion;
He set the world along in rows.
  In hundreds and in millions.
    Yankee doodle, &c.

The flaming ribbons in their hats,
  They look'd so tearing fine, ah;
I wanted plaguily to get,
  To give to my Jemima
    Yankee doodle, &c.

I see another snarl of men,
  A digging graves, they told me,
So tarnal long, so tarnal deep,
  They 'tended they should hold me.
    Yankee doodle, &c.

It scar'd me so, I hook'd it off,
   Nor stopp'd, as I remember;
Nor turn'd about till I got home,
   Lock'd up in mother's chamber:
      Yankee doodle, &c.

## 24.

Stimmt an mit hellem, hohem Klang,
Stimmt an das Lied der Lieder,
Des Vaterlandes Hochgesang;
Das Echo hall' es wieder.

Der Deutschen neues Vaterland,
Dem Vaterland der Treue,
Dir, armen schwerbedrängtem Land,
Dir weih'n wir uns auf's Neue.

Zur Ahnentugend wir uns weih'n,
Zum Schutze deiner Hütten,
Wir lieben deutsches Fröhlichsein
Und alte deutsche Sitten.

Die Dichter sollen Lieb' und Wein,
Doch öfter Freiheit preisen,
Und sollen biedre Männer sein
In Thaten und in Weisen.

Ihr Kraftgesang soll himmelan
Mit Ungestüm sich reißen,
Und jeder freie deutsche Mann
Soll Freund und Bruder heißen!

## 25.

Melodie: In des Waldes tiefen Gründen ꝛc.

Weg das Rühmen und des Preisen,
:,: Daß wir tapfre Männer sind :,:
:,: Laßt uns durch die That beweisen :,:
Daß wir deutsche Männer sind.

Laßt uns kühn dem Süden sagen,
:,: Daß wir gut und treu gesinnt, :,:
:,: Doch zur Zeit darein zu schlagen :,:
Sind wir bei der Hand geschwind.

Nicht der frechen Buben Schnattern
:,: Schreckt zurück den deutschen Mann, :,:
:,: Der des Flintenfeuers Knattern :,:
Auch recht gut vertragen kann.

Laßt uns sagen zarten Söhnchen
:,: Jener feilen Mörderbrut :,:
:,: Daß vor Büchsen und Kanönchen :,:
Sich kein Deutscher fürchten thut.

## 26.
## DIXIE'S LAND.

I wish I was in de land of cotton,
'Cimmon seed' an sandy bottom—
Chorus.—Look away—look 'way—away
 —Dixie Land.
In Dixie's Land whar I was born in,
Early on one frosty morning.
Chorus.—Look away—look 'way—away
 —Dixie Land.
Chorus.—Den I wish I was in Dixie,
 Hooray—Hooray!
In Dixie's Land—we'll took our stand
 To lib and die in Dixie, [Repeat
Away—away—down south in Dixie.

Old missus marry Will-de-weaber,
William was a gay deceaber,
 Look away, etc.
When he put his arms around 'er,
He look as fierce as a forty pounder.
 Look away, etc.
Chorus.—Den I wish I was in Dixie, etc.

His face was sharp like a butcher's
 cleaber,
But that didn't seem to greab 'er:
 Look away, etc.

Will ran away—missus took a decline,
oh.
Her face was de color ob bacon-rhine, oh
Look away, etc.
Chorus.—Den I wish I was in Dixie etc.

While missus libbed she libbed in
clober;
When she died, she died all ober;
Look away, etc.
How could she act such a foolish part,
As to marry a man dat would break
her heart.
Look away, etc.
Chorus.—Den I wish I was in Dixie, etc.

Here's a health to de next old missus,
And all the galls dat wants to kiss us;
Look away, etc.
Now if you want to dribe 'way sorrow,
Come an' hear this song to-morrow.
Look away, etc.
Chorus.—Den I wish I was in Dixie, etc.

Sugar in the gourd, an' stony batter,
The white's grow fat, an' the niggar's
fatter;
Look away, etc.

Den hoe it down and scratch you grabble,
To Dixie's land I'm bound to trabble.
    Look away, etc.
Chorus.—Den I wish I was in Dixie, etc.

### 27.

Was glänzt dort vom Walde im Sonnen-
        schein?
Hör's näher und näher brausen.
Es zieht sich herunter in düsteren Reih'n,
Und gellende Hörner schallen darein,
Und erfüllen die Seele mit Grausen.
Und wenn ihr die schwarzen Gesellen fragt,
Das ist Lützow's wilde verwegene Jagd.

Was zieht dort rasch durch den finsteren Wald,
Und streift von Bergen zu Bergen?
Es legt sich in nächtlichem Hinterhalt;
Das Hurrah jauchzt, und die Büchse knallt,
Es fallen die fränkischen Schergen.
Und wenn ihr die schwarzen Jäger fragt,
Das ist Lützow's wilde verwegene Jagd.

Wo die Reben dort glühen, dort braus't der
        Rhein!
Der Wütkrich geborgen sich meinte.
Da naht es schnell im Gewitterschein,

Und wirft sich mit rüst'gen Armen hinein,
Und springt an's Ufer der Feinde.
Und wenn ihr die schwarzen Schwimmer fragt,
Das ist Lützow's wilde verwegene Jagd.

Was braus't dort im Thale die laute Schlacht,
Was schlagen die Schwerter zusammen?
Wildherzige Reiter schlagen die Schlacht
Und der Funke der Freiheit ist glühend erwacht,
Und lodert in blutigen Flammen.
Und wenn ihr die schwarzen Reiter fragt,
Das ist Lützows wilde verwegene Jagd.

Wer scheidet dort röchelnd vom Sonnenlicht,
Unter winselnde Feinde gebettet?
Es zuckt der Tod auf dem Angesicht,
Doch die wackeren Herzen erzittern nicht;
Das Vaterland ist ja gerettet!
Und wenn ihr den schwarzen Gefall'nen fragt,
Das war Lützow's wilde verwegene Jagd.

Die wilde Jagd, und die deutsche Jagd
Auf Henkersblut und Tyrannen!
D'rum, die ihr uns liebt, nicht geweint und
       geklagt,
Das Land ist ja frei, und der Morgen tagt,
Wenn wir's auch nur sterbend gewannen!
Und von Enkeln zu Enkeln sei's nachgesagt:
Das war Lützow's wilde verwegene Jagd.

## 28.

Noth bricht Eisen! Feige Brut,
Kriecht und duckt euch, gähnt und ruht!
Laßt euch knuten, laßt euch schinden,
Leib und Seel' mit Stricken binden,
Mit dem Sprüchlein: Noth bricht Eisen,
Würzet das Bedientenbrod!
Männer singen and're Weisen:
Eisen, Eisen bricht die Noth!

Noth bricht Eisen! — Nein, zumal.
Faßt das Eisen, faßt den Stahl,
Für des Menschen höchste Güter,
Eu'rer Grenzen treue Hüter,
Gegen Teufel und Tyrannen
Steht und wehrt euch bis zum Tod,
Alle kann ein Sprüchlein bannen:
Eisen, Eisen bricht die Noth!

Eisen, Eisen bricht die Noth!
Was dich fesselt, was dir droht,
Armes Volk von allem Bösen
Kann das Eisen nur erlösen.
Rollt das Rad der Zeit geschwinder,
Flammt der Himmel blutig roth:
Gott bewahr' uns Weib und Kinder!
Eisen, Eisen bricht die Noth!

———

## 29.

Der Krieger muß zum blutgen Kampf hinaus,
Für Freiheit, Recht und Vaterland zu streiten;
Da zieht er erst vor seines Liebchens Haus,
Nicht ohne Abschied will er von ihr scheiden:
„O weine nicht die Aeuglein roth,
Als ob nicht Trost und Hoffnung bliebe!
Bleib ich doch treu bis in den Tod :,:
Dem Vaterland und meiner Liebe!"

Und als er ihr das Lebewohl gebracht,
Sprengt er zurück zum Haufen der Getreuen,
Er sammelt sich zu seines Landes Macht
Und muthig blickt er auf der Feinde Reihen.
„Mich schreckt es nicht, was uns bedroht,
Und wenn ich auf der Wahlstatt bliebe!
Denn freudig geh' ich in den Tod :,:
Für's Vaterland und meine Liebe!"

Und furchtbar stürzt er in des Kampfes Gluth,
Und Tausend fallen unter seinen Streichen,
Den Sieg verdankt man seinem Heldenmuth,
Doch auch den Sieger zählt man zu den Leichen.
„Ström' hin, mein Blut, so purpurroth,
Dich rächten meines Schwertes Hiebe;
Ich hielt den Schwur, treu bis zum Tod :,:
Dem Vaterland und meiner Liebe!"

## 30.

Hinaus in die Ferne mit lautem Hörnerklang,
Die Stimmen erhebet zum männlichen Gesang!
Der Freiheit Hauch weht mächtig durch die Welt,
Ein freies, frohes Leben uns wohlgefällt.
Wir halten zusammen, wie treue Brüder thun,
Wenn Tod uns ungrauet und wenn die Waffen ruh'n;
Und Alle treibt ein reiner, froher Sinn,
Nach einem Ziele streben wir Alle hin.
Der Hauptmann, er lebe! er geht uns kühn voran;
Wir folgen ihm muthig auf blut'ger Siegesbahn;
Er führt uns jetzt zum Kampf und Tod hinaus,
Er führt uns einst, ihr Brüder, in's Vaterhaus.
Wer wollte wohl zittern vor Tod und vor Gefahr?
Vor Feigheit und Schande erbleichet uns're Schaar!
Und wer den Tod im heiligen Kampfe fand,
Ruht auch in fremder Erde im Vaterland.

## 31.

Für Freiheit, Ehre und Vaterland,
Ergreifet die Waffen der „freie" Mann,
Er liebt und achtet das heil'ge Land
Drum setzet er muthig sein Leben dran.
   Unverdrossen,
   Festentschlossen,
Zagt er nicht in Sturmesnacht,
Flieht er nicht vor Feindes Macht,
Freien Mannes Muth
Beugt nicht Teufels Wuth.

Wenn frecher Aufruhr das Land durchzieht,
Wenn schwarzer Verrath im Finstern schleicht
Und feig die gedung'ne Schaar entflieht,
Dann nimmer der „freie" Mann entweicht!
   Unverdrossen 2c.

Für die „Union!" — das einzige Wort! —
Nicht scheuet der „freie" Mann den Tod,
Er kämpfet mutbig an jedem Ort,
Er kämpfet für sie, ob die Hölle droht!
   Unverdrossen,
   Fest entschlossen,
Zagt er nicht in Sturmesnacht
Flieht er nicht vor Feindes Macht.
Freien Mannes Muth
Beugt nicht Teufels Wuth.

## 32.
## HAIL COLUMBIA!

Hail Columbia! happy land! hail, ye heroes! heaven-born band!
Who faught and bled in Freedom's cause,
Who faught and bled in Freedom's cause.
And when the storm of war was gone, enjoyed the peace your valor won.
Let independence be our boast, ever mindful what it cost;
Ever grateful for the prize, let its alter reach the skies.

### CHORUS.
Firm united let us be, rallying round our liberty;
As a band of brothers joined, peace and safety we shall find.

Immortal patriots, rise once more, defend your sights, defend your shore,
Let no rude foe, with impious hand,
Let no rude foe, with impious hand,
Invade the shrine where sacred lies, of toil & blood the well-earned prize.
While offering peace sincere and just, in heaven we place a manly trust,

That truth and justice will prevail, and
  every scheme of bondage fail.
Firm united let us be, &c.
Sound, soud the trump of fame! let WASH-
  INGTON's great name
Ring through the world with loud ap-
  plause,
Ring through the world with loud ap-
  plause,
Let every clime to Freedom dear, listen
  with a joyful ear.
With equal skill and god like power, he
  govern'd in the fearful hour
Of horrid war! or guides, with ease, the
  happier times of honest peace.
Firm united let us be, &c.

Behold the chief who now commands,
  again to serve his country, stand
The rock on which the storm will beat,
The rock on which the storm will beat,
But, armed in virtue firm & true, his
  hopes are fix'd on Heaven and you,
When hope was sinking in dismay, and
  glooms obscured Columbia's day,
His steady mind, from changes free, re-
  solved on death or liberty. Firm &c.

## 33.

Weise: Marseillaise.

Auf in den Kampf, ihr deutschen Brüder!
Der Tag der Freiheit ist erwacht!
Mit blut'gem Banner zieht hernieder,
:,: Die Tyrannei zur letzten Schlacht :,:
Hört ihr des Südens wilde Horden,
Weithin toben durch's ganze Land?
Sie nah'n mit beutegier'ger Hand,
Die Theuersten uns zu ermorden.
 Ihr Brüder, zum Gewehr! zum Kampfe
   Mann für Mann!
 Voran! Voran! Durch Räuberblut zur
   stolzen Siegesbahn.

Was will des Südens feile Rotte,
Die keck sich wider uns verschwört?
Wie lange wird mit höhn'schem Spotte
:,: Die Menschheit um ihr Recht bethört? :,:
O welcher Hohn! O welch' Erfrechen!
Fühlt ihr, Völker, die ganze Schmach?
Man weckt, was schon begraben lag,
Frech woll'n die Union sie brechen.
 Ihr Brüder, zum Gewehr! zum Kampfe
   Mann für Mann!
 Voran, Voran! Durch Räuberblut zur
   stolzen Siegesbahn!

Verräther, bebt vor unserm Grimme!
Erzitt're, blut'ge Würgerbrut!
Hört ihr des Unterdrückten Stimme?
:,: Bald zahlen sie euch Blut mit Blut. :,:
Das ganze Volk tritt in die Reihen,
Fällt sie auch, uns're Jünglingsschaar,
Stets beut die Erde Männer dar,
Die sich dem Heldenkampfe weihen.
  Ihr Brüder, zum Gewehr! zum Kampfe
    Mann für Mann!
  Voran! Voran! Durch Feindesblut zur
    stolzen Siegesbahn!

---

## 34.

## RED, WHITE and BLUE.

Oh, Columbia, the gem of the Ocean,
 The home of the brave and the free,
The shrine of each patriot's devotion,
 A world offers homage to thee,
Thy mandates make heroes assemble,
 When liberty's form stands in view,
Thy banners make tyrants tremble,
 When born by the red, white and blue.

CHORUS.
When born by the red, white and blue,
When born by the red, white and blue,
Thy banners make tyrants tremble,
When born by the red, white and blue.

When war waged its wide desolation,
  And threatened our land to deform,
The ark then of freedom's foundation,
  Columbia rode safe through the storm.
With her garland of victory o'er her,
  When so proudly she bore her bold crew,
With her flag proudly floating before her,
  The boast of the red, white and blue.
        The bost of, &c.

The wine cup, the wine cup bring hither,
  And fill you it to the brim,
May the wreath they have won never wither,
  Nor the star of their glory grow dim.
May the service united not sever,
  And hold to their colors so true,
The army and the navy for ever,
  Three cheers for the red, white and blue.
        Three cheers, &c.

## 35.

Weise: Heiter mit leichtem Sinn ꝛc.

Der Himmel unser Hort,
Die Freiheit unser Wort!
So geh'n wir Hand in Hand
Zum Kampf für's Vaterland.

Der Norden ist erwacht!
Die Trommel ruft zur Schlacht!
Drum stürmet freudig drein,
Der Sieg muß unser sein!

Sie ist nicht mehr erschlafft,
Der Väter heil'ge Kraft!
Wer für die Freiheit ficht,
Scheut Tod und Wunden nicht!

Das Recht ist unser Schild;
Der Freiheit schönes Bild
Glänzt durch den Pulverdampf,
Drum, Brüder, auf zum Kampf!

---

## 36.

Vater, ich rufe dich!
Brüllend umwölkt mich der Dampf der Geschütze,
Sprühend umzucken mich prasselnde Blitze!
Lenker der Schlachten, ich rufe dich!
Vater, du, führe mich!

Vater, du, führe mich!
Führ' mich zum Siege, führ' mich zum Tode!
Herr, ich erkenne deine Gebote:
Herr, wie du willst, so führe mich!
Gott, ich erkenne dich!

Gott, ich erkenne dich!
So im herbstlichen Rauschen der Blätter,
Als im Schlachtendonnerwetter,
Urquell der Gnade, erkenn' ich dich!
Vater, du, segne mich!

Vater, du, segne mich!
In deine Hände befehl' ich mein Leben,
Du kannst es nehmen, du hast es gegeben:
Zum Leben, zum Sterben segne mich!
Vater, ich preise dich!

Vater, ich preise dich!
S ist ja kein Kampf für die Güter der Erde;
Das Heiligste schützen wir mit dem Schwerte;
D'rum, fallend und siegend, preis' ich dich!
Gott, dir ergeb' ich mich!

Gott, dir ergeb' ich mich!
Wenn mich die Donner des Todes begrüßen,
Wenn meine Adern geöffnet fließen:
Dir, mein Gott, dir ergeb' ich mich!
Vater, ich rufe dich!

## 37.

Mel.: Herz laß dich nicht zerspalten ꝛc.

Es kommt der Tag der Rache,
Fürwahr er kommt einmal,
Für die gerechte Sache,
Für uns're Noth und Qual.

Dann gibt die Wahrheit Kunde,
Wer für und mit uns war,
Und alle Lumpenhunde
Die werden offenbar.

Dann haben wir gelitten
Umsonst für Freiheit nicht,
Und nicht umsonst gestritten,
Den Kampf für Recht und Licht.

Es kommt der Tag der Rache,
Fürwahr er kommt einmal,
Für die gerechte Sache,
Für uns're Noth und Qual.

## 38.
## UNION.

*Air: Auld Lang Syne.*

Shall foul Disunion have its sway,
   And Treason brought to twine
Its gory fetters round our flag,
   Our UNION FLAG 'tis thine,

   CHORUS—
Our Union Flag 'tis mine my boys,
Our Union Flag 'tis thine
Never let it cease to wave,
Our Flag 'tis yours and mine.

Let no vile Traitor be so bold,
   Disunion rags to wave,
But rouse ye up march to the field,
   No Traitor Flag be thine.

Our Union is the watch-cry now,
   The Stars and Stripes are mine,
To cover all but Treachery
   The Spangled Flag is thine.

Heaven direct the ship of State,
   And may the day return,
That all may stand and nobly shout,
   Our UNION FLAG is mine.

Misguided men, repent, turn back,
　　The Traitor's doom is death.
Haul down your Secession rag,
　　Shout Freedom's Flag is mine.

---

## 39.

Weise: Sind wir vereint zur guten Stunde ꝛc.

Und wieder schwankt die ernste Wage,
Der alte Kampf belebt sich neu;
Jetzt kommen sie erst recht die Tage,
Wo Korn sich sondern wird von Spreu;
Wo man den Falschen und den Treuen
Gehörig unterscheiden kann,
Den Unerschrock'nen von dem Scheuen,
Den halben von dem ganzen Mann.

Den wird man für e r l a u c h t erkennen,
Der von dem Recht erleuchtet ist,
Den wird man einen R i t t e r nennen,
Der nie sein Ritterwort vergißt;
Den G e i s t l i c h e n wird man verehren,
In dem sich regt der freie Geist,
Der wird als B ü r g e r sich bewähren,
Der seine Burg zu schirmen weiß.

Jetzt wahret, Männer, eure Würde,
Steht auf zu männlichem Entscheid,
Damit ihr nicht dem Land zur Bürde,
Dem Ausland zum Gelächter seid.
Zu viel ist jetzt schon unterhandelt,
Es ward gesprochen fort und fort,
Und nur geschrieben, statt gehandelt,
Drum sprechen wir das letzte Wort.

Und kostet's gleich auch unser Leben,
Wir gehen nimmermehr zurück.
Daß wir vom Rechten nichts vergeben
Ist uns ein lohnend stolzes Glück.
Drum harret ruhig und bedenket,
Der Freiheit Morgen steigt herauf,
Die Hand, die auch die Sonne lenket
Macht unaufhaltsam unsern Lauf.

## 40.

Weise: Prinz Eugen der edle Ritter ꝛc.

Ob wir rothe, gelbe Kragen,
Mützen oder Hüte tragen,
Stiefel oder Schuh';
Oder ob wir Röcke nähen,
Und zu Schuhen Drähte drehen:
Das thut, das thut nichts dazu.

Ob wir stolz zu Rosse reiten,
Oder ob zu Fuß wir schreiten
Fürbaß unserm Ziele zu;
Ob uns Kreuze vorne schmücken,
Oder Kreuze hinten drücken:
Das thut, das thut nichts dazu.

Ob im Kopfe etwas Grütze
Und im Herzen Licht und Hitze,
Daß es brennt in einem Nu;
Oder ob wir hinter Mauern
Stets im Dunkel träge kauern:
Das thut, das thut was dazu.

Ob wir rüstig und geschäftig,
Wo es gilt zu wirken kräftig,
Immer tapfer greifen zu;
Oder ob wir eben denken:
Die Regierung wird's schon lenken,
Das thut, das thut was dazu.

Drum, ihr Brüder, Jeder fechte
Tapfer hier für seine Rechte
Und erwerb' dem Land' die Ruh';
Bürger sind wir, keine Knechte,
Und der deutsche Mann, der ächte:
Das thut, das thut was dazu.

## 41.

Weise: Noch ist Polen nicht verloren ꝛc.

Unser Land ist nicht verloren,
Neu erblüht sein Glück!
Und die Freiheit neu geboren,
Hehr kehrt sie zurück!
Ob des Südens frech Gebahren
Uns auch manche Kämpfe schafft!
  Unser ist der Sieg
  In dem heil'gen Krieg!

Hört Ihr nicht die Kunde schallen?
Schon floß Bruderblut!
Für die Freiheit sind gefallen
Sie mit Heldenmuth.
Horcht, es gellt ihr Sterbeschrei:
Unser Blut habt ihr zu sühnen!
  Euer ist der Sieg
  In dem heil'gen Krieg!

Freiheit! donnerts aller Orten,
Sklavenketten, reißt!
Mächtig ist, wie stets, der Norden,
Stark des Volkes Geist.
Tragt ihm unser Banner vor,
Kühner Aar, steig' auf zum Fluge!
  Vorwärts, ohne Scheu,
  Deine Bahn ist frei!

## 42.

Weise: Erhebt Euch von der Erde ꝛc

Nun rüstet eure Waffen
  Zu männlichem Gefecht,
Jetzt müssen wir uns schaffen
  Die Ordnung und das Recht.
Wohl Manchen bangt und schauert
  Daß solche Kämpfe droh'n,
Doch seht Ihr nicht? es lauert
  Schon keck die Rebellion!

Die uns von frühern Sehern
  Mit Schrecken prophezeit,
Die Tage, trüb' und ehern,
  Sie nah'n zu dieser Zeit;
Sie nah'n wie Nordwindswehen
  In schneidend scharfem Ton,
Wir müssen sie bestehen:
  Es gilt der Rebellion!

Sie haben uns verhöhnet,
  Verachtet uns dazu,
Weil wir so leicht versöhnet
  Und strebten stets nach Ruh.
Wir ließen feig uns sprechen
  Und lange sprechen Hohn,
Jetzt aber soll uns rächen
  Der Tod der Rebellion.

## 43.
## THE STAR SPANGLED BANNER.

O! say can you see by the dawn's early light,
What so proudly we hail'd at the twilight's last gleaming:
Whose broad stripes and bright stars through the perilous fight,
O'er the ramparts we watched were so gallantly streaming;
And the rocket's red glare, the bombs bursting in air,
Gave proof through the night that our flag was still there;
O! say, does the star spangled banner still wave,
O'er the land of the free and the home of the brave?

On the shore, dimly seen through the mist of the deep,
Where the foe's haughty host in dread silence reposes.
What is that which the breeze o'er the towering steep,
As it fitfully blows, half conceals, half discloses?

Now it catches the gleam of the morning's
first beam,
In full glory reflected now shines on the
stream;
'Tis the star-spangled banner, O! long
may it wave,
O'er the land of the free and the home of
the brave.


And where is the band who so vauntingly
swore
That the havoc of war and the battle's
confusion.
A home and a country should leave us
no more?
Their blood has washed out their foul
footstep's pollution
No refuge could save the hireling and
slave
From the terror of flight or the gloom of
the grave.
And the star-spangled banner in triumph
doth wave,
O'er the land of the free and the home of
the brave.

O! thus be it ever when freeman shallstand
Between their loved home and war's desolation;
Bless'd with victory, and peace may the Heaven-rescued land.
Praise the power that hath made and preserved us a nation!
Then conquer we must, when our cause it is just.
And this be our motto—"In God is our trust!"
And the star-spangled banner in triumph shall wave,
O'er the land of the free and the home of the brave.

---

## 44.

Weise: The Star spangled Banner.

O! sagt, könnt ihr seh'n in des Morgenroth's Strahl,
Was so stolz wir im scheidenden Abendroth grüßten?
Die Sterne, die Streifen, die wehend vom Wall,
Im tödtlichen Kampf uns den Anblick versüßten?

Hoch flattere die Fahne in herrlicher Pracht,
Beim Leuchten der Bomben durch dunk'le
Nacht.
O! sagt, ob das Banner, mit Sternen besä't,
Ueber'm Land der Freien und Braven noch
weht?
Vom Strand aus zu seh'n durch die Nebel
der See,
Wo Feindes-Schaar ruhet in drohendem
Schweigen,
Was ist's, daß die Wind' auf befestigter Höh'
Mit neckendem Weh'n bald verhüllen, bald
zeigen?
Jetzt faßt es der Sonne hell leuchtenden
Strahl,
Jetzt scheint es vom Berge, jetzt weht's über's
Thal.
O! Es ist ja das Banner, mit Sternen besä't,
Das über'm Lande der Freien und Braven
noch weht.

Und wo ist die Band', die verwegentlich
schwor,
Daß die Gräuel des Krieges, das Wüthen
der Schlachten,
Sollt' rauben uns Heimath und Vaterland's
Flor?
Ihr Herzblut bezahle das frevelnde Trachten.

Keine Gnade, noch Schonung für Herr und
für Knecht,
Nur Tod sei die Loosung, dann sind wir
gerächt.
Und siegreich das Banner mit Sternen besä't
Ueber'm Lande der Freien und Braven noch
weht.

Und wo Männer für Freiheit und Vaterland
Vereiniget stehen, da sende von Oben,
Den Kämpfern errettend die mächtige Hand,
Die Freien, die müssen den Vater dort loben.
Gerecht ist die Sache, auf Gott wir vertrau'n,
D'rum sei die Loosung, auf ihn wir fest bau'n.
Und siegreich das Banner mit Sternen besä't,
Ueber'm Lande der Freien und Braven noch
weht.

―

**45.**

Was ist des Deutschen Vaterland?
Ist's Preußenland? ist's Schwabenland?
Ist's wo am Rhein die Rebe blüht?
Ist's wo am Belt die Möve zieht?
O nein, o nein, o nein, o nein!
Sein Vaterland muß größer sein!

Was ist des Deutschen Vaterland?
Ist's Baierland, ist's Steierland!
Ist's wo des Marsen Rind sich streckt?
Ist's wo der Märker Eisen reckt?
O nein, u. s. w.

Was ist des Deutschen Vaterland?
Ist's Pommerland, Westphalenland?
Ist's wo der Sand der Dünen weht?
Ist's wo die Donau brausend geht?
O nein, u. s. w.

Was ist des Deutschen Vaterland?
So nenne mir das große Land!
Ist's Land der Schweizer? Ist's Tyrol?
Das Land und Volk gefiel mir wohl!
O nein, u. s. w.

Was ist des Deutschen Vaterland!
So nenne mir das große Land!
Gewiß ist es das Oesterreich,
An Siegen und an Ehren reich?
O nein, u. s. w.

Was ist des Deutschen Vaterland?
So nenne mir das große Land!
Ist's was der Fürsten Trug zerklaubt?
Vom Kaiser und vom Reich geraubt?
O nein, u. s. w.

Was ist des Deutschen Vaterland?
So nenne endlich mir das Land!
„So weit die deutsche Zunge klingt,
Und Gott im Himmel Lieder singt."
Das soll es sein, das soll es sein,
Das, wackrer Deutscher, nenne dein!

Das ist des Deutschen Vaterland,
Wo Eide schwört der Druck der Hand,
Wo Treue hell vom Auge blitzt
Und Liebe warm im Herzen sitzt,
Das soll es sein, das soll es sein,
Das, wackrer Deutscher, nenne dein!

Das ist des Deutschen Vaterland,
Wo Zorn vertilgt den welschen Tand.
Wo jeder Frevler heißet Feind,
Wo jeder Edle heißet Freund.
Das soll es sein, das soll es sein,
Das ganze Deutschland soll es sein!

Das ist des Deutschen Vaterland,
Wo Knechtschaft ewig ist verbannt.
Wo man den Mann nach Thaten ehrt,
Sich nicht an Rang und Titel kehrt.
Das soll es sein, das soll es sein,
Ein solches Land nur soll es sein!

Wo man mit Worten nicht mehr spielt,
Wo sich der Mann als Mann nur fühlt.
Wo den Rebellen, der sich regt,
Die freie Hand zu Boden schlägt.
Das soll es sein, das soll es sein,
Ein solches Land nur soll es sein.

Die ganze Erde soll es sein,
Wo Menschen sich der Freiheit weih'n,
Das Land, das freundlich uns empfing,
Als Freiheit drüben unterging.
Das soll es sein, Das soll es sein,
America auch soll es sein!

America als ein'ges Land,
Wo Sklaverei nicht mehr gekannt,
Wo nur mit echtem deutschen Muth,
Für Freiheit kämpfend treu und gut.
Das soll es sein, das soll es sein,
Ein solches Land nur soll es sein.

## 46.

Frisch auf, Kameraden, auf's Pferd auf's Pferd!
In's Feld, in die Freiheit gezogen;
Im Felde da ist der Mann noch was werth,
Da wird das Herz noch gewogen;
Da tritt kein Anderer für ihn ein,
Auf sich selber steht er da ganz allein.

Aus der Welt die Freiheit verschwunden ist,
Man siehet nur Herren und Knechte;
Die Falschheit herrscht und die Hinterlist
Bei dem feigen Menschengeschlechte;
Der dem Tod in's Angesicht schauen kann,
Der Soldat allein ist der freie Mann.

Des Lebens Aengsten, er wirft sie weg,
Hat nicht mehr zu fürchten, zu sorgen,
Er reitet dem Schicksal entgegen keck,
Trifft's heute nicht, trifft es doch morgen:
Und trifft es morgen, so laßt uns heut'
Noch schlürfen die Neige der köstlichen Zeit.

Von dem Himmel fällt ihm sein lustig Loos,
Braucht's nicht mit Müh' zu erstreben:
Der Fröhner, der sucht in der Erde Schooß,
Da meint' er, den Schatz zu erheben;
Und er gräbt und schaufelt so lang' er lebt,
Und gräbt, bis er endlich sein Grab sich gräbt.

Der Reiter und sein schnelles Roß,
Das sind gefürchtete Gäste;
Es flimmern die Lampen im Hochzeitsschloß,
Ungeladen kommt er zum Feste;
Er wirbt nicht lange, er zeigt nicht Gold,
Im Sturm erringt er den Minnesold.

Warum weinet die Dirn' und zergrämet sich
                        schier?
Laß fahren dahin, laß fahren!
Er hat auf Erden kein bleibend Quartier,
Kann treue Lieb' nicht bewahren.
Das rasche Schicksal, es treibt ihn fort,
Seine Ruhe läßt er an keinem Ort.


Auf des Degens Spitze die Welt jetzt liegt,
D'rum wohl, wer den Degen jetzt führet;
Und bleibt ihr nur wacker zusammengefügt,
Ihr haltet die Welt und regieret!
Es steht keine Krone so fest und so hoch,
Der muthige Springer erreicht sie doch


D'rum frisch, Kameraden, den Rappen ge-
                        zäumt,
Die Brust zum Gefechte gelüftet!
Die Jugend brauset, das Leben schäumt,
Frisch auf, eh' der Geist noch verdüstet.
Und setzet ihr nicht das Leben ein,
Nie wird euch das Leben gewonnen sein.

———

## 47.

Wer ist ein deutscher Mann?
　Der für das Groß' und Gute
　Mit felsenfestem Muthe
Beharrlich kämpfen kann:
Der ist ein deutscher Mann.

Wer ist ein deutscher Mann?
　Der ohne Furcht und Tadel
　Den wahren Seelenadel
Sich stets bewahren kann:
Der ist ein deutscher Mann.

Wer ist ein deutscher Mann?
　Der ohne Angst und Zittern,
　In Sturm und Ungewittern,
Auf Gott vertrauen kann:
Der ist ein deutscher Mann.

Wer ist ein deutscher Mann?
　Der frei, die Tugend üben,
　Der Gott und Menschen lieben,
Und standhaft bleiben kann:
Der ist ein deutscher Mann.

## 48.

Die Treue, die uns Brüder band,
  Sei dauernder, als Erz!
Für Freiheit, Ehre, Vaterland
  Schlägt tapfer unser Herz.

Zur freien Fahne schwör' auch ich,
  Die Freiheit sei's Panier!
Wir kämpfen gut und ritterlich,
  So, Brüder, siegen wir.
Trallera! :,:

## 49.

Steh' ich in finst'rer Mitternacht,
So einsam auf der stillen Wacht,
So denk ich an mein fernes Lieb,
Ob mir's auch treu und hold verblieb.

Als ich zur Fahne fort gemüßt,
Hat sie so herzlich mich geküßt,
Mit Bändern meinen Hut geschmückt,
Und mich an's treue Herz gedrückt.

Sie liebt mich treu, sie ist mir gut,
Drum bin ich frisch und wohlgemuth,
Mein Herz schlägt warm in kalter Nacht,
Wenn es an's ferne Lieb gedacht.

Jetzt bei der Lampe Dämmerschein,
Geh'st du wohl in dein Kämmerlein,
Und schickst dein Nachtgebet zum Herrn
Auch für den Liebsten in der Fern!

Doch wenn du traurig bist und weinst,
Mich von Gefahr umringet meinst, —
Sei ruhig, bin in Gottes Hut,
Er liebt ein treu Soldatenblut.

---

### 50.

<small>Mel. Auf, auf, ihr Brüder, und seid stark ꝛc.</small>

Wer ist der Mann, der kämpfen kann,
Und seinem Arm vertraut?
:,:Wenn alles bricht, er zaget nicht:,:
:,:Dem Muth'gen nimmer graut.:,:

Wer ist der Mann, der streiten kann,
Für's theure Vaterland?
Der kalten Brust fehlt Kraft und Lust
Und ihre That ist Tand.

Dies ist der Mann, der sterben kann,
Für das was Recht und Pflicht.
Er läßt nicht ab, bis an das Grab,
Bis daß das Herz ihm bricht.

So, echter Mann, so, freier Mann,
Zieh' aus zu Kampf und Krieg;
Dein gutes Recht mag Helfer sein,
Es führt zu Glück und Sieg.

———

### 51.

Was kümmern uns die Fahnen und die
                     Farben,
Nur wer uns unterdrückt ist unser Feind.
Die Väter lebten und die Väter starben,
In Schlacht und Siegen innig treu vereint.
    Wie jene braven Alten,
    So wollen wir es halten!
Nicht Haß, nicht Eifersucht soll uns entzwei'n,
Wir wollen Deutsche, ächte Deutsche sein!

O sagt mir doch, ich hab es ganz vergessen,
Was Herrmann einst für Landesfarben trug,
Und waren's Baiern, Sachsen oder Hessen,
Mit denen er die Römer niederschlug?
    Sagt mir, woher sie stammten,
    Die tapfern Gleichentflammten?
Kein Fremder stand in unsern Heldenreih'n,
Es waren Dentsche, laßt uns Deutsche sein!

Bei Leipzig fochten auf den weiten Flächen
Die deutschen Völker für dasselbe Ziel;
Sie wollten ihres Landes Schande rächen,
Und mancher Böhme, mancher Preuße fiel.
  Dort ruh'n in einem Grabe
  Der Märker und der Schwabe;
D'rum Brüder schwört's bei unserm schönen
         Rhein:
Wir bleiben Deutsche, wollen Deutsche sein!

Und naht ein Feind im Westen oder Osten,
Gelüstet ihm nach unserm Blut und Gut,
Dann soll er auch die deutschen Hiebe kosten,
Der Pommer schlägt, es schlägt der Sachse gut,
  Nur wenn wir uns zersplittern,
  So müssen wir erzittern!
Im Ganzen groß, sind wir vereinzelt klein,
Drum laßt uns Alle treue Deutsche sein!

Doch nicht im Kampf nur, unter blut'gen
         Leichen,
Auch in des Friedens Kunst und Wissenschaft,
Da darf der Deutsche keinem Volke weichen,
Denn unbesiegbar macht vereinte Kraft!
  Auch in der Freude Stunden
  Seid treu und fest verbunden:
Nun, Freunde! kommt und schlaget kräftig ein:
Wir wollen ewig deutsche Brüder sein!

## 52.

Wenn der Muth in der Brust seine Spann-
kraft übt,
Selige, fröhliche Stimmung giebt,
Fließt unser Blut, ist die Luft noch rein!
Sollen wir, wollen wir luftig sein! —
 Wonnige, sonnige, rosige, kosige
 Stunden blüh'n uns und entflieh'n uns;
 Hurtige, freudige, blinkende, winkende
 Früchte haschen wir, naschen wir.

Wenn der Muth in der Brust ꝛc.
Licht unserm Geiste, unserm Herzen Lieb' und
Treue,
Kraft unserm Arm, unserm Leben heit'res
Streben,
 Und dann hoch! wenn es heißt:
 Unterm Vaterland zur Weihe!
 Luft ohne Harm —
 Für des Volkes Rechte stoßet an!

Wenn der Muth in der Brust ꝛc.
Hoch, stoßet an auf's Wohl der Mädchen,
Frauen! —
Lieblich und hold ist ihr Walten, sie entfalten
 Ja nur Glück für den Mann!
 Ihrem Herzen schenkt Vertrauen,

Rein, wie das Gold,
Sind sie ja alle von Natur.
Wenn der Muth in der Brust ꞉c.

## 53.

Mel. Es lebe, was auf Erden ꞉c.

Es lebe, was auf Erden
Nach Freiheit strebt und wirkt,
Von Freiheit singt und saget,
Für Freiheit lebt und stirbt.

Die Welt mit ihren Freuden
Ist ohne Freiheit nichts.
Die Freiheit ist die Quelle
Der Tugend und des Lichts.

Es lebe, was auf Erden
Nach Freiheit strebt und wirkt,
Von Freiheit singt und saget,
Für Freiheit lebt und stirbt.

Es kann, was lebt und webet
In Freiheit nur gedeih'n.
Das Ebenbild des „Schöpfers"
Kann nur der Freie sein.

Es lebe, was auf Erden
Nach Freiheit strebt und wirkt,
Von Freiheit singt und saget,
Für Freiheit lebt und stirbt.

Frei will ich sein und singen,
So wie der Vogel lebt,
Der auf Palast und Kerker
Sein Frühlingslied erhebt.

Es lebe, was auf Erden
Nach Freiheit strebt und wirkt,
Von Freiheit singt und saget
Für Freiheit lebt und stirbt.

Die Freiheit ist mein Leben
Und bleibt es immerfort,
Mein Sehnen, mein Gedanke,
Mein Traum, mein Lied und Wort.

Es lebe, was auf Erden
Nach Freiheit strebt und wirkt,
Von Freiheit singt und saget,
Für Freiheit lebt und stirbt.

## 54.

:,: Feinde ringsum! :,:
Um die zischende Schlange,
Vaterland, ist dir so bange?
:,: Bange, warum? :,:

:,: Zittre du nicht! :,:
Hörst im unstnmigen Rasen
Du die Trompeten sie blasen?
:,: Zittre du nicht! :,:

:,: Zittern wofür! :,:
Daß sie voll Willkühr, die Frechen,
Constitutionen zerbrechen,
:,: Sind wir doch hier. :,:

:,: Vater und Sohn, :,:
Flammende Schwerter gezogen
Kommen wie Raben geflogen,
:,: Rächen den Hohn. :,:

:,: Feind, nur herab! :,:
Nicht mit dem schnaubenden Gaule,
Nicht mit dem prahlenden Maule
:,: Schreckst du uns ab! :,:

:,: Muth in der Brust! :,:
Scharf wie der Blitz unsre Säbel,
Dunkel die Blicke, wie Nebel!
:,: Kampf unsere Lust! :,:

:,: Vaterland weint! :,:
Hörst du? und Vaterlandsthränen
Machen aus Kriegern Hyänen;
:,: Fluch für den Feind! :,:

:,: Kopf in die Höh'! :,:
Stolzer, wir kommen, wir kommen!
Haben schon Abschied genommen,
:,: That uns so weh! :,:

:,: Dort rings umher :,:
Sengen und brennen die Feinde,
Weinende Mädchen und Freunde
:,: Hinter uns her! :,:

:,: Weib, gute Nacht! :,:
Pallasche zwischen die Zähne!
Fällt auch darauf eine Thräne,
:,: Fort in die Schlacht! :,:

---

## 55.

Mel. Seht ihr drei Rosse vor dem Wagen ꝛc.

Im Kampf für deine heilg'en Rechte,
Harr' aus mein Volk und wanke nicht;
:,:Es muß jetzt fallen alles Schlechte,:,:
:,:Muß fallen jeder Bösewicht. —:,:

Ob feige sich auch birgt das Schlechte,
Zieh es hervor an's Tageslicht,
Im Kampf für deine heil'gen Rechte,
Harr' aus mein Volk und wanke nicht:

Nicht rasten laßt uns und nicht feiern
In dieser sturmbewegten Zeit.
Es gilt den Gütern all', den theuern,
Die wahre, hehre Freiheit beut. —

Und unserm Kämpfen, unserm Ringen,
Dem starken Willen, kühn und frei,
Wird groß und schnell es auch gelingen,
Zu stürzen die Verrätherei.

Harr' aus mein Volk, es wird gelingen
Dein großes Werk, dein hehres Thun,
Die Freiheit wirst du dir erringen
Und nach dem Kampfe freudig ruhn.

Harr' aus mein Volk und wanke nicht,
Wie blutig auch der Kampf mag sein,
Dir lohnt der Freiheit reines Licht,
Der Freiheit goldner Sonnenschein. —

## 56.

*Weise: Im Kreise froher, kluger Zecher ꝛc.*

Auf, schwärmt und trinkt, geliebte Brüder!
Wir sind uns alle herzlich freund,
Sind eines großen Bundes Glieder,
Im Leben wie im Tod vereint;
Und trotz der Zeiten Sturm und Graus,
Wir halten treu und redlich aus!

Ich bring' dem roth-weiß-blauen Bande,
Das unsre Herzen sanft umzog,
Dem theuren neuen Vaterlande
Aus voller Brust ein donnernd Hoch!
Wir schwuren ja, ihm treu zu sein,
Und Kraft und Leben ihm zu weihn.

So laßt uns unsern Schwur erneuen,
Den kein Verhängniß je geschwächt,
Und Herz und Hand zum Kampfe weihen
Für unser gutes altes Recht!
Die Union soll neu erblühn
Und hoch in Kraft und Liebe glühn!

So ist der Bund auf's Neu beschworen,
Das Glück soll freudig ihn umwehn!
So haltet fest, was wir erkoren,
Die Freiheit, sie soll fortbestehn!
Es lebe Lieb' und Vaterland
Und hoch das weiß-roth-blaue Band!

## 57.

Weise: Ach wenn du wärst mein eigen ꝛc.

Wie könnt ich dich verlassen!
Ich weiß was du mir bist,
Jetzt, wo im gift'gen Hassen
Begann der blut'ge Zwist;
Ich sing' es hell und ruf' es laut,
**Die Union ist meine Braut!**
Wie könnt ich dich verlassen!
Ich weiß was du mir bist.

Wie könnt ich dich verlassen!
Dir weih' ich meinen Arm,
Ich bin mit dir verbunden,
Mit dir in Freud' und Harm.
Ich will für dich im Kampfe stehn,
Und, muß es sein, mit dir vergehn,
Wie könnt ich dich verlassen,
Dir weih' ich meinen Arm.

Wie könnt ich dich verlassen!
Ich weiß was du mir bist,
So lang' noch Kraft und Jugend
Und Leben in mir ist,
Ich suche nichts als dich allein,
Als deiner Liebe werth zu sein;
Wie könnt ich dich verlassen,
Ich weiß was du mir bist.

### 58.

Mel. Auf, auf, ihr Brüder, und seid stark ꝛc.

Frisch auf, ihr Jäger, frei und flink!
Die Büchse von der Wand!
Der Muthige bekämpft die Welt!
Frisch auf den Feind! frisch in das Feld!
Hinaus fürs Vaterland!

Nicht zu erobern zogen wir
Vom väterlichen Herd;
Des Südens angemaßte Macht
Bekämpfen wir in freud'ger Schlacht.
Das ist des Blutes werth.

Ihr aber, die uns treu geliebt,
Der Herr sei euer Schild!
Bezahlen wir's mit unserm Blut;
Denn Freiheit ist das höchste Gut,
Ob's tausend Leben gilt.

Drum, muntre Jäger, frei und flink,
Wie auch das Liebchen weint!
Gott hilft uns im gerechten Krieg!
Frisch in den Kampf; — Tod oder Sieg!
Frisch, Brüder, auf den Feind!

## 59.

Weise: Stoßt an, Jena soll leben ꝛc.

:,: Stoßt an, Vaterland lebe! Hurrah hoch! :,:
Wen das Vaterland nährt, und er liebet es nicht,
Der ist ein elend, erbärmlicher Wicht,
Frei sei der Mann, frei sei der Mann.

:,: Stoßt an, Freiheit soll leben! Hurrah hoch! :,:
So lang noch die Völker regieren die Welt,
So lange währt's daß sich die Freiheit erhält!
Frei sei der Mann, frei sei der Mann.

:,: Stoßt an, die Einheit soll leben! Hurrah hoch! :,:
Wer den Bruder mit Lügen verlästert und schmäht,
Sich schlecht auf die Einheit und Liebe versteht;
Den flieh' der Mann, den flieh' der Mann!

:,: Stoßt an, die Zukunft soll leben! Hurrah hoch! :,:
Wer im Sturm der Zeiten gleich hängt den Kopf,
Der ist nur ein schwacher, trauriger Tropf;
Der ist kein Mann, der ist kein Mann!

:,: Stoßt an, der Krieger soll leben! Hurrah hoch! :,:
Wer kühn sich der Sache der Menschheit geweiht,
Wer für sie zu leben den Tod selbst nicht scheut,
Der ist ein Mann, der ist ein Mann!

:,: Stoßt an, Amerika lebe! Hurrah hoch! :,:
So wird es doch wahrlich nicht lange mehr geh'n,
Wir werden ein schön'res Amerika seh'n;
Frei bleibt der Mann, frei bleibt der Mann!

———

### 60.

Wohlauf, wohlauf über Berg und Fluß,
Dem Morgenroth entgegen',
Dem treuen Weib den letzten Kuß,
Und dann zum treuen Degen!
Bis uns're Hand in Asche stirbt,
Soll sie vom Schwert nicht lassen;
Wir haben lang genug geliebt,
:,: Und wollen endlich hassen! :,:

Die Liebe kann uns helfen nicht,
Die Liebe nicht erretten;
Halt' du, o Haß, dein jüngst Gericht,
Brich du, o Haß, die Ketten!
Und wo es noch Tyrannen giebt,
Die laßt uns keck erfassen;
Wir haben lang genug geliebt,
Und wollen endlich hassen!

Wer noch ein Herz besitzt, dem soll's
Im Hasse nur sich rühren;
All überall ist dürres Holz,
Um unf're Gluth zu schüren.
Die Ihr der Freiheit noch verbliebt,
Singt laut durch alle Straßen:
Ihr habet lang genug geliebt,
O, lernet endlich hassen!

Bekämpfet sie ohn' Unterlaß,
Die Tyrannei auf Erden,
Und heiliger wird unser Haß
Als unf're Liebe werden.
Bis unf're Hand in Asche stirbt,
Soll sie vom Schwert nicht lassen;
Wir haben lang genug geliebt,
Und wollen endlich hassen!

## 61.

Mel. Mit Männern sich geschlagen ꝛc.

Jetzt wollen wir uns schlagen,
Vorbei ist jetzt das Fragen;
Wir kämpfen für das Recht,
In blutigem Gefecht.

Der Jäger froh und heiter,
Bleibt stets ein wackrer Streiter;
Piff! Paff! Da liegt er schon,
Des Südens frecher Sohn.

Wer will uns widerstehen,
Wenn wir zum Kampfe gehen?
Der Jäger sieget stets,
Und immer vorwärts geht's.

Die Büchse in den Händen
Woll'n wir den Aufruhr enden;
Wir schlagen Jeden todt,
Der uns mit Trotze droh't!

Drum lasst die Lieder schallen
Daß Wald und Wiese hallen;
Es bringet muthig vor
Das wackre Jägercorps.

## 62.

Mel. Nach Sevilla ꝛc.

Nach dem Süden, nach dem Süden,
Der das Paradies hienieden,
Wo die hohen Palmen blühn,
Wo man tapfer peitscht den Neger,
Wo der Mensch der Bildung Träger,
:,: Dahin, Alter, lass' mich ziehn. :,:

Nach Georgien, nach Georgien,
Sollst du dann das Geld mir borgigen,
Wo man Menschen freundlich theert,
Wo man mit dem Bowiemesser
Macht des Volkes Lage besser,
Und der Mensch sich nie beschwert.

Nach Augustien, nach Augustien.
In Georgia, dem bewußtigen,
Sehnet sich mein müder Fuß,
Wo die edlen Demokraten
Sich ob Sezession berathen,
Und das Maul man halten muß.

Doch in Charlestons schönem Hafen
Möchte ich am liebsten schlafen,
Wo die Forts man greifet an,
Und bei all dem edlen Grimme
Nur das Einz'ge bleibt das Schlimme,
Daß man sie nicht brauchen kann.

Dort wo unter jeder Scholle
Liegt verborgen die Baumwolle,
Und der schwarze Pfeffer blüht,
Wo die Banken suspendiren
Und die Leute Geld verlieren,
Ist es, wo es hin mich zieht.

Da, wo deutsche Compagnien
In den Krieg mit Freuden ziehen,
Und für Sklaverei einstehn,
Wo man tapfer Kriege führet,
Und mitunter sich blamiret,
Dahin Alter möcht' ich gehn.

---

### 63.

Das Einzige was in dieser Welt
Von Redensarten mir gefällt,
Ist: „Knüppel aus dem Sack."
Das ist die beste Politik,
Und niemals geben wir zurück
Beim „Knüppel aus dem Sack."

Herr Lincoln hat es jetzt gewagt,
Und nicht noch Andre mehr gefragt
Beim „Knüppel aus dem Sack."

Drum nach dem Süden rücken wir,
Die Menge dort erdrücken wir
Mit „Knüppel aus dem Sack."

Ein tapf'rer Hauptmann führt uns an,
Wir Alle stehen unsern Mann
Beim „Knüppel aus dem Sack;"
Mit blauen Bohnen grüßen wir
Die Hochverräther, schießen wir
Bei „Knüppel aus dem Sack."

Kommt, und versuchet Euer Glück,
Kein Deutscher weicht vor Euch zurück!
Frisch, „Knüppel aus dem Sack."
Und ist's vorbei,, dann wird es klar,
Daß das das Einzige Richt'ge war:
Der „Knüppel aus dem Sack."

---

## 64.

Mel. Denkst du daran, mein tapfrer Lagienka ꝛc.

Ich kenn' sie wohl, es sind dieselben Schaaren,
Die einst für Deutschlands Wohl so treu
               gekämpft,
Es sind dieselben, denen die Gefahren
Der Freiheit Flamme nimmermehr gedämpft,

Es sind dieselben todesmuth'gen Mannen,
Die sich geschaart einst um der Freiheit Thron.
Wer kennt sie nicht? Es zeigen ihre Fahnen,
Es ist die tapfre deutsche Legion.

Es sind dieselben Männer, die gestritten
In Schleswig-Holstein, Baden und in Wien,
Es sind dieselben, die für uns gelitten,
Die heute in den Kampf für uns auch zieh'n.
Es ist die Tyrannei, die schon geboten
Dem freien Volke drüben frechen Hohn.
Es eilt zu Hülf der Freiheit, der bedrohten,
Die wackre deutsche Legion.

Der Süden, jenes Land der Eidesbrüche,
Er steht mit Frechheit gegen uns heut auf,
Was hilft jetzt Reden, was die leeren Flüche?
Auf! Laßt der Rache lieber ihren Lauf!
Und wer es fühlt, daß er der Freiheit Sache
Vertheidigt, daß der Freiheit edler Sohn
Er ist, der hilft gewiß zur blut'gen Rache
Der tapfern deutschen Legion.

Will man uns rauben denn der Freiheit
                    Stätte,
Und des Verbannten einziges Asyl?
Soll rasseln künftig hier die Sklavenkette?
Hat so der Freiheits-Aar verfehlt sein Ziel?

Doch horch! Sie nah'n schon, die uns retten können,
Im Sturmesbraus hört man sie kommen schon.
Ihr kennt sie. Soll ich sie euch nochmals nennen?
Es ist die tapfre deutsche Legion.
Seht ihr sie nicht, die mit gebräunten Wangen,
Doch heitern Blicks dem Feind entgegen sehn?
In ihrem Auge zeiget sich kein Bangen,
Sie werden Einer stets für Alle stehn.
Wo solche Männer für den Kampf entbrennen,
Da krönet sie des Ruhmes schönster Lohn,
Mit Stolz wird sie die deutsche Zunge nennen,
Es ist die tapfre deutsche Legion.
So zieht denn hin zum Kampf, Ihr wackern Streiter,
Ihr stürmet an, und Euer ist der Sieg;
„Tod oder Freiheit" das ist Euer Leiter,
Für Freiheit zieht ihr freudig in den Krieg.
Und kehrt zurück Ihr froh, wenn auch gelichtet,
Ein Jeder als des Vaterlandes Sohn,
Dann habt Ihr die Verräther streng gerichtet
Es lebe hoch die deutsche Legion!

## 65.

Ei! Was braucht man denn, um glücklich
　　zu sein?
Das kann ja den Hals noch nicht kosten;
Wir schließen den Norden mit Festungen ein,
Und setzen Herrn Davis als König hinein,
'Ne Festung, 'nen König.
Weiter brauchen wir gar nichts, um glücklich
　　zu sein,
Und das kann ja die Welt noch nicht kosten.

Aus England da holen wir Waaren herbei,
Wir machen den Handel ganz absolut frei,
'Ne Festung, 'nen König, die Waaren, den
　　Handel.
Weiter brauchen wir gar Nichts, um glücklich
　　zu sein,
Und das kann ja die Welt noch nicht kosten.
Dann nehmen wir **Zölle** und machen uns
　　frei,
Ein wenig Spektakel gibt's freilich dabei.
'Ne Festung, 'nen König, die Waaren, den
　　Handel, die Zölle, Spektakel.
Weiter brauchen wir gar Nichts, um glücklich
　　zu sein,
Und das kann ja die Welt noch nicht kosten.

Ein **Heer** schaffen wir dann, recht groß an Zahl.
Dazu gehört denn auch ein General.
'Ne Festung, 'nen König, die Waaren, den Handel, das Heer, den General.
Weiter brauchen wir gar Nichts, um glücklich zu sein,
Und das kann ja die Welt noch nicht kosten.

Zum Schießen bedarf jeder Mann ein Gewehr,
Auf dem Meere da richten 'ne Flotte wir her.
'Ne Festung, 'nen König, die Waaren, den Handel, das Heer, den Gen'ral, Gewehre, die Flotte.
Weiter brauchen wir gar Nichts, um glücklich zu sein,
Und das kann ja die Welt noch nicht kosten.

Für's Heer, da brauchen wir etwas Proviant,
Für die Soldaten wird freier Whiskey gebrannt.
'Ne Festung, 'nen König, die Waaren, den Handel, das Heer, den Gen'ral, Gewehre, die Flotte, Proviant, den Whiskey.
Weiter brauchen wir gar Nichts, um glücklich zu sein,
Und das kann ja die Welt noch nicht kosten.

Und damit es an Allem diesem nicht fehlt,
So nehmen wir jedem Bürger sein Geld.
'Ne Festung, 'nen König, die Waaren, den
    Handel, das Heer, den Gen'ral, Ge-
    wehre, die Flotte, Proviant, den Whis-
    key, und Geld.
Weiter brauchen wir gar Nichts, um glücklich
    zu sein,
Und das kann ja die Welt noch nicht kosten.

## 66.
### Mel. Nach der Marseillaise.

Auf! Auf! Zum Siege oder Sterben!
Auf! Auf zur großen Völkerschlacht;
Uns hat des Vaterlands Verderben
Allein die Sklaverei gebracht! —
Für Freiheit zum Gefecht!
Für heil'ges Menschenrecht
Herbei! — Kommt herbei!
Das Vaterland wird frei!

Auf! Auf! Zum heiligsten der Kriege!
Auf! Auf! In voller Kampfesgluth!
Es ruft die Trommel un's zum Siege,
Es ruft Begeisterung und Muth:
Zerbrecht die Tyrannei,
Des Südens Sklaverei! —

Herbei! Kommt herbei!
Das Vaterland wird frei!

Seht dort im Trauerflor die Sterne,
Man reißt sie von dem Banner ab,
Und treulos, in des Südens Ferne
Gräbt man der Freiheit blut'ges Grab. —
Ihr Sterne, leuchtet hell! —
Zum Kampfe froh und schnell
Herbei! — Kommt herbei!
Das Vaterland wird frei!

Auf! Auf! Euch Deutschen will ich's sagen:
Es sieget stets der Deutschen Muth! —
Das Schwert, die Büchse jetzt zu tragen,
Das steht dem deutschen Manne gut! —
Für Ehre und für Recht,
Für Freiheit zum Gefecht!
Herbei! — Kommt herbei!
Das Vaterland wird frei!

### 67.

Im Felde steht der Krieger
Wie eine Mauer fest,
Der Muth macht ihn zum Sieger,
Der niemals ihn verläßt;

Doch ist der Feind geschlagen,
Verjagt aus allem Land, —
Dann woll'n wir nimmer tragen
Das Schwert in freier Hand!

Dann wollen wir mit Singen
In's Heimaththal zurück,
Und freudig uns erringen
Des Friedens stilles Glück;
Dann ruh' das Schwert, der Würger,
Dann laßt dem Pflug uns weih'n, —
Dann woll'n wir wieder **Bürger**
Und alle Brüder sein!

So gern wir muthig tragen
Im Krieg das scharfe Schwert,
So ist in Friedenstagen
Der Pflug dem Bauer werth!
Wie Jeder gern im Kriege
Sein Handwerk eingestellt,
So gern zieht er im Siege
In seine Friedenswelt!

Wir wollen nimmer tragen
Im Frieden das Gewehr, —
Es trägt in Friedenstagen
Das Schwert sich gar zu schwer!

Im Kriege sollen Alle
Dem kühnen Kampf sich weih'n, —
Im Frieden woll'n wir Alle
Beglückte Bürger sein!

———

### 68.

Schön ist's unter freiem Himmel
Stürzen in das Schlachtgetümmel,
:,: Wenn die Kriegstrompete schallt.:,:
Wo die Rosse wiehernd jagen,
Wo die Trommeln wirbelnd schlagen,
:,: Wo das Blut der Helden wallt.:,:

Schön ist's, wenn wir jungen Streiter,
Festen Fußes, stolz und heiter
:,: Kämpfen rings, von Dampf umhüllt; :,:
Wenn aus donnerndem Geschütze,
Furchtbar, wie des Himmels Blitze,
:,: Tod dem Feind entgegenbrüllt.:,:

Schön, wenn, wie bei Ungewittern,
Um uns Berg und Thal erzittern
:,: Von dem grausen Widerhall.:,:
Fällt dann einer uns'rer Brüder,
Stürzen tausend Feinde nieder,
:,: Tausend stürzt des Einen Fall.:,:

Aber nichts gleicht dem Entzücken,
Wenn der Feind mit scheuen Blicken
:,: Weicht und flieht, bald hier, bald da. :,:
Ha, willkommen, sel'ge Stunde!
Dann erschallt aus jedem Munde:
:,: Gott mit uns, der Sieg ist da! :,:

## 69.

Weise: Schier dreißig Jahre bist du alt.

Bald hundert Jahre wirst du alt,
Du theures Freiheits-Land.
Wer gejagt von den Tyrannen,
Konnt' bei dir stets erlangen,
Die Freiheit und ein'n Heerd.

Für dich floß einst das edle,
Der Freiheit-Väter Blut,
Das sie mit Großmuth vergossen,
D'raus unsere Freiheit geflossen,
Aus der Freiheit-Helden Blut.

Dein Stern- und Streifen-Banner,
Der uns das Herz stets rührt,
Hat im Kanonendonner,
Wenn blutig, doch mit Wonne,
Uns zur Siegeskron' geführt.

Doch jetzt sucht jene Race,
Die auf Menschenraub besteht,
Mit wahrem Tollsinn's-Hasse,
Gesetz, Freiheit, Verfassung
Zu stürzen von dem Thron.


Beraubt, beschimpft, geplündert,
Hat sie den Schatz, das Land,
Den Bürgerkrieg entzündet,
Die Kanonen auf uns gemündet,
Die Menschen-Räuber-Band.


Auf, auf, zum Freiheitskampfe,
Du großes, edles Herz!
Laß Schwert und Kanonen schmettern,
Auf Räuber und Verräther,
Bis das Land gereinigt ist.


Auf, auf, zum Freiheitskampfe,
Für Menschheit und ihr Recht!
Zerstört die schwarze Sache,
Womit der südliche Drache
Unser Land mit Schmach bedeckt.

———

## 70.

Herbei ihr treuen Schaaren!
So tönt es überall —
Die Union zu wahren
Vor Schmach und tiefem Fall.

Wohl denn — uns zu erheben
Vom heil'gen, blut'gen Streit!
Der Süden soll erbeben
Vor Norden's Einigkeit.

Laßt rufen die Trompeten.
Mein Liebchen weine nicht —
Das Vaterland zu retten
Ist seiner Söhne Pflicht!

Ich kann nicht mehr dich lieben
Als Feigling hinter'm Heerd;
Ist erst der Feind vertrieben,
Hat Liebe wieder Werth.

Senk' nicht dein Köpfchen nieder —
Reich' kühn die Waffen mir!
Wir sehen uns ja wieder —
Dort oben oder hier! —

## 71.

*Weise: Hinaus in die Ferne ꝛc.*

Hinaus für die Freiheit
Hinaus zum heil'gen Streit!
Wir rufen: die Deutschen
Sind froh zum Kampf bereit!
Und Steuben's Geist zieht uns'rer Schaar voran,
Wir folgen seinem Vorbild auf neuer Freiheit Bahn.

Für das, was die Väter
Erkämpft als theures Gut
Woll'n wieder wir ringen
Mit Ehre, Gut und Blut.
Der Freiheit Ruf tönt mächtig jetzt durch's Land,
Zum Freiheitsschwure heben wir stolz die Hand.

Tod allen Verräthern,
Der Sklavenhalter Macht!
Wir tragen die Sterne
Hoch durch Gefahr und Nacht!
Rebellen kommt, und kostet den Empfang
Von deutscher Büchs' und deutscher Schwerter Klang.

Und kehren wir wieder,
So sei's im Siegeszug!
Geschlagen die Feinde,
Besiegt Verrath und Trug.
Hoch lebe, hoch die Constitution!
Und dreimal hoch die ganze Union!

### 72.

Die Salve kracht, die Fahne weht;
Gewehr- und Roßgestampfe!
Wer ist, der jetzt bei Seite steht,
Im großen Freiheitskampfe!
Den ernsten Blick auf Weib und Kind,
Auf Alles, was wir lieben, —
Dann vorwärts, wie der Wirbelwind,
Mit Schuß und Schwerteshieben!

Die Freiheit ist ein theures Gut
Und nicht umsonst gegeben;
Die Blüthe, sie voll Duft und Gluth,
Im kurzen Menschenleben;
Der morgenrothe Sonnenschein
Auf unsres Lebens Höhen; —
Drum auf! und setzt das Leben ein,
Wenn ihre Fahnen wehen!

Sie weh'n zum Kampfe! eisern rollt
Der Würfel der Entscheidung;
Das letzte Blut, das letzte Gold!
Vorwärts! in Waffenkleidung!
Das Banner, das genüber steht,
Wir kennen seine Falten,
Von Todesathem rings umweht,
Von düstern Nachtgestalten.

Hier schwang einst über Land und Seen
Die Freiheit ihre Flügel;
Es war ihr erstes Auferstehn,
Es brach des Grabes Siegel.
Den Heiland unsrer neuen Bahn,
Der Banden kam zu brechen,
Soll einer gift'gen Schlange Zahn
Ihn in die Ferse stechen?

Auf! du des Volkes Kraft,
Die Loose sind gefallen!
Mit nerv'ger Hand am Lanzenschaft,
So laß die Fahne wallen!
Die Sterne schauen hell herab
Auf unser Sternenzeichen!
Marsch! stirbt die Freiheit, — in ihr Grab
Werft freier Männer — Leichen!

## 73.

Kurzes Wort und langer Schlag!
Ja, es sind genug der Worte!
Schlagt entzwei die Eisenpforte,
Daß man wieder athmen mag!
Eh' euch Sinn und Muth erschlaffen
In der Knechtschaft fauler Luft,
Laut durch alle Gassen ruft:
Zu den Waffen! Zu den Waffen!

Druck und Noth, jetzt weit und breit,
Guter Rath wird täglich theurer:
Ei, so fahrt einmal aus eurer
Langen Thatenlosigkeit.
Schließt das Maul den droh'nden Laffen,
Euer Recht sei euer Hort:
Dröhnend hallt's von Ort zu Ort:
Zu den Waffen! Zu den Waffen!

Gürtet euch mit Heldensinn:
Neu erstehen muß das Alte,
Strebt darnach, daß sich's erhalte,
Wie es war von Anbeginn,
Wollt ihr steh'n und müssig gaffen?
Seid ihr stumpf an Aug' und Ohr?
Hannibal steht vor dem Thor!
Zu den Waffen! Zu den Waffen!

In der einen Hand den Stahl,
In der andern Hand die Kelle,
Bau'n und schirmen wir zumal,
Freiheit, deines Tempels Schwelle.
Schutt und Trümmer wegzuschaffen,
Und die Mauern zu erhöh'n,
Bau'n und fechten — klingt's nicht schön?
An die Arbeit! Zu den Waffen!

Waffendienst und saure Müh'n,
Meißeln, hämmern, hacken, zimmern!
Und durch Staub und Qualm wie kühn
Die gezog'nen Schwerter flimmern!
Mag uns Wund' an Wunde klaffen,
Rinnt der Schweiß uns vom Gesicht:
Feierabend ist's noch nicht:
An die Arbeit! Zu den Waffen!

## 74.

*Weise: Was blasen die Trompeten 2c.*

Was blasen die Trompeten die Deutschen
heraus?
Es reitet der Feldherr im fliegenden Saus;
Er schwinget so kräftig sein schneidiges
Schwert,
Er tummelt so munter sein muthiges Pferd
Und heirassassa, die Deutschen sind da,
Die Deutschen sind lustig, und rufen Hurrah!

In Deutschland, da haben wir es früher
bewährt,
Da haben wir die Fürsten wohl mores gelehrt:
Wie schossen die badischen Jäger so gut,
Wie floß der Pfälzer, der Holsteiner Blut,
Und juchheirassassa u. s. w.

In Deutschland verriethen die Fürsten das
Land,
Drum haben sie uns nach hierher verbannt;
Doch hier sind wir einig, und hier sind wir
frei,
Und geht's in den Strauß, so sind wir dabei!
Und juchheirassassa u. s. w.

Was will denn der Süden vom nördlichen
Land?
Wir wahr'n uns're Freiheit mit kräftiger
Hand,
Wir werden es zeigen, wie Sturmeswind,
Daß wir nicht von Wichten zu knechten sind!
Und juchheirassassa u s. w.

Drum ladet die Büchsen, und schleift Euer
Schwert!
Die Deutschen sind jetzt auch der Vorfahren
werth.

Ein Jeder von uns, sei ein Deutscher im Feld,
Dann jagen den Teufel wir selbst aus der Welt!
Juchheirassassa.

## 75.

Weise: Ich bin der Doctor Eisenbart ꝛc.

Der Süden hat Skandal gemacht
Wiede wiede witt bum bum,
Doch wird er furchtbar ausgelacht
Wiede wiede witt bum bum;
Der Doctor Davis eh' ers denkt,
Wird bei den Beinen aufgehängt
Wiede u. s. w.

Der Süden dacht' er könnt ganz frei
Wiede u. s. w.
Beglücken uns mit Sklaverei
Wiede u. s. w.
Der Norden aber schlägt jetzt zu,
Wiede u. s. w.
„Lass't mit den Niggern uns in Ruh"

Der Beauregard, ein großer Held
Wiede u. s. w.
Den Süden noch am Leben hält,
Wiede u. s. w.

Er greift mit sieben Tausend Mann
Wiede u. s. w.
In Sumter Hundert Leute an.
Wiede u. s. w.

Der Süden nimmt mit seiner Hand
Wiede u. s. w.
Den Norden, als ob's gar nichts wär;
Wiede u. s. w.
New-York und Boston vor der Hand,
Wiede u. s. w.
Die werden sicherlich verbrannt.
Wiede u. s. w.

Der Süden hat ein großes Maul,
Wiede u. s. w.
Doch steht's mit seiner Hoffnung faul;
Wiede u. s. w.
Vernünftig wird er doch zuletzt,
Wiede u. s. w.
Wenn's nur erst tücht'ge Prügel setzt.
Wiede u. s. w.

Wir fragen nichts nach dem Geschrei
Wiede u. s. w.
Und geht es los, sind wir dabei.
Wiede u. s. w.

Der Grundsatz bleibe unser Schild:
Wiede u. s. w.
Daß Bangemachen nicht mehr gilt.
Wiede u. s. w.

### 76.

Frisch auf, Kameraden, aufs Pferd, aufs Pferd,
Nach dem Norden lustig gezogen!
Ob Euch auch der schmutzige Nigger beschwert,
Ob Ihr auch dem Frieden gewogen.
Mit Revolver, Muskete und Seitengewehr,
An dem Kopf die Kokarde — so reitet einher.

Wir tragen im Herzen das stolze Gefühl,
Wir sind der Union wahre Träger.
Das Geldausgeben ist uns nur ein Spiel,
Wir sind unseres Comforts Pfleger,
Wir reiten zum Norden im Sturmeslauf,
Und fressen die Nördlichen allesammt auf.

Gebt dreist nur dem Rosse die Schenkel, so rennts,
Doch nehmt Euch in Acht mit den Sporen,
Und habt Ihr vielleicht im Drang des Moments
Die Bügel und Zügel verloren:

Greift schnell nach dem Hals; wozu hat dem Pferd
Die weise Natur denn die Mähne bescheert?
Drum frisch Kameraden, aufs Pferd, aufs Pferd,
Nach dem Norden lustig gezogen.
Sonst glauben sie Alle, wir sind **gar nichts** werth,
Und die Angst ist gänzlich verflogen.
Ist auch das Ganze nur Spielerei,
So gib's doch 'ne **südliche Reiterei.**

## 77.

Spritze Funken, Säbelklinge,
Werde meinen Hammerschlägen
Hart geschmeidig, scharf, du Degen,
Daß dich froh der Reiter schwinge!

Schwert, wie dir mein Hammerschwingen
Helle Funken ausgetrieben,
Sollen bald von deinen Hieben
Seelen aus den Leibern springen.

Friede ist ein falscher Engel,
Unkraut wuchert auf zu Wäldern,
Willkühr wächst jetzt auf den Feldern
Mehr als Korn= und Weizenstengel.

Friede kann das Menschenleben,
Still verderben, sanft verwüsten,
Wie sie ihrer That sich brüsten!
Alles hängt voll Spinneweben.

Ha! nun fährt der Krieg dazwischen;
Klafft und gähnt erst manche Wunde,
Gähnt man selten mit dem Munde,
Kampf mit Tod die Welt erfrischen.

Feige Lüge aus dem Herzen
Treibt der Krieg, der off'ne, scharfe,
Weil der Tod zerreißt die Larve,
Weil die Wunden ehrlich schmerzen.

Wieder soll in Kampfgewittern
Frische Luft der Wahrheit wehen,
Todte werden auferstehen,
Menschentreter werden zittern.

## 78.

Weise. Ein freies Leben führen wir ꝛc.

Das Dreschen ist des Deutschen Lust,
Bei Gott! Ein Hauptvergnügen!
Wir dreschen zu mit freier Brust,
:,: Daß alle Stücke fliegen!:,:
Bei uns ist uns're alte Kraft
Noch lange nicht erloschen,

Wir wünsch'n Alle, daß es schafft,
:,: Drum frisch d'rauf losgedroschen. :,:
Macht Ihr im Süden gleich Euch breit
Wir wollen Euch schon zeigen,
Die Deutschen sind für Euch bereit!
Und werden Euch schon beugen.
Was nützt das Heulen und Gebell
Wer ist's, der dran sich kehret,
Wir dreschen Euch hier auf der Stell'!
Dann seid Ihr gut belehret.
Der **Schnitter** kommt, die **Erndte** steht!
In diesem Jahr vorzüglich,
Der Landmann, der die Sach' versteht,
Der handelt unverzüglich.
Er reißt das Unkraut, welches hier
Gewuchert, aus. Die Saaten
Der Freiheit blühen stolz dafür!
Und machen **freie Staaten.**
Drum Freunde, greift zur Sense bald,
Und laßt's euch nicht verdrießen.
Denn reinigt Ihr nicht gleich den Wald,
Wird's Unkraut neu aufschießen!
Doch wenn Ihr heut schafft, spart Ihr
Dann später Eure Groschen.
Drum Sens' und Flegel sei's Panier!
**Und frisch d'rauf losgedroschen.**

## 79.

Weise. Seht ihr drei Rosse vor dem Wagen ꝛc.

Im Glanz der Sterne, hoch vor Allen
Prangst Du, Columbia großes Land,
Wenn du nicht mehr in Dir zerfallen,
Dich fest umschlingt der Eintracht Band;
Wenn ach! der hohe Wurf gelungen
Vereinter Kraft, vereintem Muth,
Dann halten Alle sich umschlungen
In heil'ger Liebe Flammengluth.

Wenn alle Nebel sind verschwunden,
Im Lichte strahlt Dein Frühlingsgrün;
Wenn sich vernarben Deine Wunden,
Und Du bist jugendfrisch und kühn;
Wenn Deine Söhne Millionen
Führt eines Geistes starke Hand,
Daß auch den fernsten Nationen
Ehrfurcht gebeut das große Land.

Dann Jubelklang von allen Thürmen
Und Jubelklang aus jeder Brust!
Denn Ruh' erblüht aus langen Stürmen
Und Heil und frische Lebenslust.
Und feierlich tönt allerwegen
Ein donnerndes Hallelujah! —
Geb' Gott Dir seinen besten Segen,
Erhabenes Amerika.

## 80.

Frisch auf, frisch auf mit raschem Flug,
Frei vor dir liegt die Welt;
Wie auch des Feindes List und Trug
Dich rings umgattert hält.
Steig', edles Roß, und bäume dich,
Dort winkt der Eichenkranz,
Streich aus, streich aus und trage mich
Zum lust'gen Schwertertanz.

Hoch in den Lüften unbesiegt
Geht frischer Reitersmuth!
Was unter ihm im Staube liegt,
Engt nicht das freie Blut;
Weit hinter ihm liegt Sorg' und Noth
Und Weib und Kind und Herd,
Vor ihm nur Freiheit oder Tod,
Und neben ihm sein Schwert.

So geht's zum lust'gen Hochzeitsfest,
Der Brautkranz ist der Preis,
Und wer das Liebchen warten läßt,
Den bannt der freie Kreis.
Die Ehre ist der Hochzeitsgast,
Das Vaterland die Braut,
Wer sie recht brünstiglich umfaßt,
Den hat der Tod getraut.

Gar süß mag so ein Schlummer sein
In solcher Liebesnacht;
In Liebchen's Armen schläfst du ein,
Getreu von ihr bewacht.
Und wenn der Eiche grünes Holz
Die neuen Blätter schwellt,
So ruft sie dich mit freud'gem Stolz
Zur ew'gen Freiheitswelt.

Drum, wie sie fällt und wie sie steigt,
Des Schicksals rasche Bahn,
Wohin das Glück der Schlachten neigt,
Wir schauen's ruhig an.
Für deutsche Freiheit woll'n wir steh'n!
Sei's in des Grabes Schooß,
Sei's oben auf den Siegeshöh'n,
Wir preisen unser Loos.

Und wenn uns Gott den Sieg gewährt,
Was hilft euch euer Spott?
Ja! Gottes Arm führt unser Schwert,
Und unser Schild ist Gott! —
Schon stürmt es mächtig ringsumher;
Drum, edler Hengst, frisch auf!
Und wenn die Welt voll Teufel wär',
Dein Weg geht mitten d'rauf.

———

## 81.

Weise: Ich hab' den ganzen Vormittag ꝛc.

Und geht's in's Feld dann lachen wir
Und singen frohen Sang,
Die Feinde ängstigt nichts so sehr
Als munt'rer Lieder Klang.
Wir ziehen lustig in den Krieg,
Denn unser ist der sich're Sieg.

Der Hauptmann liest dem Regiment
Dann die Parole vor;
Sie lautet einfach: „Heiterkeit,"
Und ist bekannt dem Corps.
Das ganze Corps folgt muthig dann,
Wir rufen: Hurrah! drauf und dran.

Und kommt der Feind dann angerückt,
Wird's Lachen noch erhöht,
So daß ihm, wenn er uns erblickt,
Der Uebermuth vergeht.
Dann denkt er gleich: „Ich geh' nach Haus,
Die Kerle lachen uns schon aus!"

So kämpfen wir mit Lust und Lieb,
Es lebe der Humor!
Wir schlagen uns mit Lachen nur
Und rücken lachend vor.
Und ist zu Ende das Gefecht,
Bei Gott, dann lachen wir erst recht.

## 82.

Der Krieg beginnt, die Fahnen wehen,
Der Donner der Geschütze kracht,
Die Trommel sammelt die Armeen,
Die Bürger stürmen in die Schlacht.

Wer wollte da im stillen Haus
Noch friedlich in den Polstern ruh'n,
Und sich beim Tranke und beim Schmauß
In feiger Selbstsucht gütlich thun?

Die Schlaffheit weg, weg Ziererei,
Den Meißel fort, den Stahl zur Hand,
Daß es gerächt auf ewig sei,
Das große, schöne Vaterland.

Der Freiheit Licht, das Recht der Zeit,
Das haben Schurken frech verhöhnt.
Drum auf zum blutig heil'gen Streit,
Der uns mit Sieg und Ehre krönt!

Ich ziehe fort mit heit'rem Blick,
Für meine Farben kämpf' ich gern,
Für meiner Heimath hohes Glück
Und für mein Liebchen in der Fern'.

Dort, wo das Sternenbanner weht
Hernieder von dem stillen Dach,
Schickt sie mir noch manch fromm Gebet
Und tausend liebe Wünsche nach.

Als ich ihr zitternd meine Hand
Zum letzten Male niederbot
Und sprach: "Leb' wohl, das Vaterland
Ruft mich, und ein gerechter Gott."

Da schwoll ihr Auge feucht und trüb.
Doch nein — gejammert hat sie nicht.
Wohl hatte sie mich einzig lieb,
Sie aber kannte meine Pflicht.

Drum hat sie auch die Thränen schnell
Mit ihrem Tuche weggedrückt,
Und wie ein Engel wieder hell
Und froh in's Auge mir geblickt.

Wie wallte freudig da mein Blut!
Hab' sie umarmt und ihr gelobt:
"Will deiner würdig sein, mein Muth,
Mein Schwert im Kampfe sei erprobt!"

## 83.

Weise: Ein freies Leben führen wir 2c.

### Der Mann.

Sie läuten Sturm, laß mich hinaus,
Die Freiheitsschlacht zu schlagen!
Die Sklaven flieh'n das Herrenhaus,
Das Maaß ist voll! zum heißen Strauß
:,: Will ich ihr Banner tragen. :,:

### Das Weib.

O dürft' ich mit und schirmend steh'n,
Wo deine Fahnen fliegen!
Sie mögen weh'n, zum Siege weh'n,
Doch werden wir uns wiederseh'n?
Wirst du nicht sterbend siegen?

### Der Mann.

Der Freiheit Kinder sind versöhnt,
Die Rebellion sinkt nieder!
Horch, wie die Lärmkanone dröhnt,
Horch, wie das Lied zum Marsche tönt!
Leb' wohl, wir seh'n uns wieder!

---

## 84.

Wohlauf ihr Brüder, wohlauf in Sturm!
Das Aufgebot donnert von Thurm zu Thurm,
Laut tönen die Glocken, ihr eberner Mund
Thut laut uns des Vaterlands Hülferuf kund.
    Greifet zum Schwert!
    Verlaßt den Heerd!
Laßt Heer auf Heer sich thürmen;
Wir wollen das Vaterland schirmen,

  Traulich und warm,
   Mit unserm guten Schwert,
 Mit unserm guten Schwert,
Mit Kraft, Brüder, in jeglichen Stürmen!

Wohlauf, ihr Brüder, wohlauf mit Macht!
Das Vaterland ruft uns zur Freiheitsschlacht.
Hoch schwingt in der Faust die gewaltige
        Wehr',
Und schmettert zu Boden das treulose Heer!
   Sieg oder Tod!
  Frei oder todt!
Verrath droht jetzt uns Verderben,
Freiheit gilt's neu zu erwerben!
  Hier oder dort
   Wir leben frei hinfort!
Ihr Brüder, auf mit Muth!
Mit Muth, Brüder, auf Leben und Sterben!

---

## 85.

Ich geh' zum Kampf für's Vaterland,
Mit scharfem Schwert und starker Hand.
Ich geh' zum Kampf für's Vaterland,
Mein freies Herz hat mich gesandt!
  „Komm heim als Sieger,
   Du wack'rer Krieger!"

Zu schützen meines Landes Recht,
Zieh' ich getrost nun in's Gefecht;
Die Falschheit soll nun endlich schweigen,
Mein Blut soll für die Wahrheit zeugen!
„Komm heim als Sieger,
Du edler Krieger!"

Das Land zu retten vom Verrath,
Bin ich bereit zu blut'ger That,
Verräther sinken vor meinem Stahl,
Bedrückte lös' ich von langer Qual.
„Komm heim als Sieger,
Du muth'ger Krieger!"

Ich hör' der Unterdrückten Schrei,
Zur Rache eil' ich flugs herbei,
Rebellen will ich niederzwingen,
Schwachen und Armen Befreiung bringen!
„Komm heim als Sieger,
Du stolzer Krieger!"

Vor meiner Waffen lautem Klang
Soll schweigen der Verführung Sang;
Mit meines Schwertes hellem Blitz,
Zerschmett'r ich dunkler Mächte Sitz.
„Komm heim als Sieger,
Du hoher Krieger!"

Zu enden meiner Brüder Schmach,
Will streiten ich bei Nacht und Tag;
Freiheit und Gleichheit zu erheben,
Daran setz' ich mein Blut und Leben!
„O kehr' als Sieger,
Du braver Krieger!

———

## 86.

Die Fahnen wehen, frisch auf zur Schlacht!
Schlagt muthig drein!
Es klingt Musik, die uns fröhlich macht,
In's Herz hinein!
Die Pfeifen und Trommeln mit lustigem Klang,
Das Feld entlang:
In die Schlacht, in die Schlacht hinein!

Wer möchte wohl bleiben, wenn's lustig geht,
Im stillen Haus?
Wohlan, wenn Jugend in Blüthe steht:
Hinaus, hinaus,
Wo kräftig und munter das Leben rollt;
Wer das gewollt:
In die Schlacht, in die Schlacht hinaus!

O Wehrmann's Leben, o köstlich Gut,
Uns ward's bescheert;
Der Mann ist selig, der trägt den Muth,
So blank, wie sein Schwert!
Wer tapfer im männlichen Streite fiel,
Im Heldenspiel:
Schläft im Arme der grünen Erd'.
Dem klingt die Musik, die er leiden mag,
Gar lustig d'rein;
Nicht schöner klingt es am jüngsten Tag
In's Grab hinein.
O seliger Tod, o du Wehrmann's Tod! —
Noch bin ich roth —
In die Schlacht, in die Schlacht hinein!

## Anhang.

### Muckerlied.

Tagtäglich zehn Mal beten,
Und Bibelsprüch' im Maul,
Sonst hab' ich Nichts vonnöthen,
Bin ganz erschrecklich faul.
Ich war ein armer Schlucker,
Hatt' kaum das liebe Brot,
Da wurde ich ein Mucker:
Nun hat es keine Noth!

Bei jeder neuen Sitzung,
Die unf're Bande hält,
Da wird mir Unterstützung
Durch baares, blankes Geld.
Daß ich bin fromm geworden,
Hat mir doch sehr gefrommt!
Vielleicht, daß noch ein Orden
Mir in das Knopfloch kommt.

Den Kopf gesenkt zur Erde
Geh' ich des Morgens aus;
Mit heuchelnder Geberde
Tret' ich in's Kaffeehaus,
Trink Wasser dort mit Zucker
Und werbe Fromme an:
Kein Mensch ahnt, was ein Mucker
Zu Hause saufen kann!

Zu hohem Zins verleih' ich
Was ich beim Mucken spar',
Und meine Seele weih' ich
Herrn Jesu immerdar,
Und den Gewinn notir' ich
Im frommen Liederheft,
Auf diese Weise führ' ich
Im Frieden mein Geschäft.

Des Abends im Theater
Sitz' ich mit gierem Sinn,
Und schmunzle wie ein Kater
Nach jeder Tänzerin;
Mit meinem Operngucker
Schau ich nach Wad' und Brust;
Ach lieber Gott! ein Mucker
Hat auch so seine Lust!

Dann schleich' ich still zur Klause,
Da, wo mich Niemand sieht,
Und nach dem Abendschmause
Sing' ich ein frommes Lied
Recht laut: von heil'ger Stätte,
Von Jesu Glanz und Thron!
Derweile macht mein Bette
Die kleine Köchin schon.

Ich preise die Regierung,
Ich finde Alles gut;
Ich fluche der Verführung
Durch jetz'ge Freiheitsbrut;
So leb' ich armer Schlucker
Ganz heiter, Gott sei Dank!
Und das Geschäft als Mucker
Treib' ich mein Lebenlang.

## Register.

| No. | | Seite |
|---|---|---|
| 12. | Ach, welche Lust, Soldat zu sein..... ..... | 16 |
| 66. | Auf! Auf! Zum Siege oder Sterben........ | 94 |
| 33. | Auf in den Kampf, ihr deutschen Brüder..... | 47 |
| 56. | Auf, schwärmt und trinkt, geliebte Brüder.... | 80 |
| 19. | Auf und an............................... | 26 |
| 69. | Bald hundert Jahre wirst du alt.. ... ..... | 98 |
| 10. | Brause du Freiheitssang ................. | 14 |
| 78. | Das Dreschen ist des Deutschen Lust ........ | 111 |
| 22. | Das Volk steht auf, der Sturm bricht los..... | 29 |
| 63. | Das Einzige was in dieser Welt............. | 88 |
| 20. | Deutsches Herz, verzage nicht................ | 28 |
| 1. | Der erste Schuß erdröhnte.................. | 3 |
| 16. | Der Gott, der Eisen wachsen ließ ............ | 22 |
| 35. | Der Himmel unser Hort.... ................ | 50 |
| 82. | Der Krieg beginnt, die Fahnen wehen........ | 117 |
| 29. | Der Krieger muß zum blutgen Kampf hinaus. | 42 |
| 13. | Der Sänger hält im Feld die Fahnwacht,...... | 16 |
| 75. | Der Süden hat Skandal gemacht............. | 107 |
| 86. | Die Fahnen wehen, frisch auf zur Schlacht.... | 122 |
| 72. | Die Salve kracht, die Fahne weht............ | 102 |
| 48. | Die Treue, die uns Brüder band ........ ... | 70 |
| 26. | Dixie's Land................................ | 37 |
| 15. | Du Schwert an meiner Linken .............. | 19 |
| 65. | Ei! Was braucht man denn, um glücklich zu | 92 |

| No. | | Seite |
|---|---|---|
| 6. | Erhebt euch von der Erde | 9 |
| 7. | Es glühet der Morgen | 10 |
| 37. | Es kommt der Tag der Rache | 52 |
| 18. | Es lebe hoch der Kriegerstand | 25 |
| 53. | Es lebe, was auf Erden | 75 |
| 54. | Feinde ringsum | 77 |
| 80. | Frisch auf, frisch auf mit raschem Flug | 114 |
| 5. | Frisch auf, frisch auf mit Sang und Klang | 8 |
| 46. | Frisch auf, Kameraden, auf's Pferd auf's Pferd | 66 |
| 76. | Frisch auf, Kameraden, aufs Pferd, aufs Pferd | 109 |
| 9. | Frisch ganze Compagnie mit lautem Sing und | 13 |
| 58. | Frisch auf, ihr Jäger, frei und flink | 82 |
| 31. | Für Freiheit, Ehre und Vaterland | 44 |
| 3. | Glück auf! laßt uns bauen | 6 |
| 32. | Hail Columbia! | 45 |
| 70. | Herbei ihr treuen Schaaren | 100 |
| 71. | Hinaus für die Freiheit | 101 |
| 30. | Hinaus in die Ferne mit lautem Hörnerklang | 43 |
| 85. | Ich geh' zum Kampf für's Vaterland | 120 |
| 11. | Ich hatt' einen Kameraden | 15 |
| 64. | Ich kenn' sie wohl, es sind dieselben Schaaren | 89 |
| 61. | Jetzt wollen wir uns schlagen | 86 |
| 67. | Im Felde steht der Krieger | 95 |
| 79. | Im Glanz der Sterne, hoch vor Allen | 113 |
| 55. | Im Kampf für deine heil'gen Rechte | 78 |
| 73. | Kurzes Wort und langer Schlag | 104 |
| 14. | Mit Hörnerschall und Lustgesang | 17 |

| No. | | Seite |
|---|---|---|
| 62. | Nach dem Süden, nach dem Süden......... | 87 |
| 17. | Nicht betteln, nicht bitten................ | 24 |
| 28. | Noth bricht Eisen! feige Brut ........... | 41 |
| 42. | Nun rüstet eure Waffen.................. | 58 |
| 44. | O! sagt, könnt ihr seh'n in des Morgenroth's | 61 |
| 40. | Ob wir rothe, gelbe Kragen.............. | 55 |
| 34. | Red, white and blue.................... | 48 |
| 4. | Schlacht, du brichst an................ | 7 |
| 68. | Schön ist's unter freiem Himmel ........ | 97 |
| 83. | Sie läuten Sturm, laß mich hinaus ....... | 118 |
| 77. | Sprühe Funken Säbelklinge .............. | 110 |
| 49. | Steh' ich in finst'rer Mitternacht ........ | 70 |
| 24. | Stimmt an mit hellem, hohem Klang..... | 35 |
| 59. | Stoßt an, Vaterland lebe! Hurrah hoch!.... | 83 |
| 43. | The star-spangled banner............... | 59 |
| 21. | Treue Liebe bis zum Grabe.............. | 29 |
| 8. | Ueber unserm Vaterlande................ | 11 |
| 81. | Und geht's in's Feld dann lachen wir...... | 116 |
| 38. | UNION ............................... | 53 |
| 39. | Und wieder schwankt die ernste Waage ... | 54 |
| 41. | Unser Land ist nicht verloren............ | 57 |
| 36. | Vater, ich rufe dich .................... | 50 |
| 74. | Was blasen die Trompeten die Deutschen..... | 105 |
| 27. | Was glänzt dort vom Walde im Sonnenschein. | 39 |
| 45. | Was ist des Deutschen Vaterland.......... | 63 |
| 51. | Was kümmern uns die Fahnen und die Farben | 72 |
| 25. | Weg das Rühmen und des Preisen.......... | 36 |
| 52. | Wenn der Muth in der Brust seine Spannkraft | 74 |
| 84. | Wohlauf ihr Brüder, wohlauf im Sturm..... | 119 |
| 60. | Wohlauf, wohlauf über Berg und Fluß..... | 84 |
| 2. | Wo Muth und Kraft in deutschen Seelen.... | 4 |
| 50. | Wer ist der Mann, der kämpfen kann....... | 71 |
| 47. | Wer ist ein deutscher Mann ............. | 69 |
| 57. | Wie könnt ich dich verlassen............ | 81 |
| 23. | Yankee doodle......................... | 32 |
| Anhang. — Muckerlied.................... | | 123 |

www.ingramcontent.com/pod-product-compliance
Lightning Source LLC
Chambersburg PA
CBHW050910300426
44111CB00010B/1464